Пробудись, Израиль!

Солнце превратится во тьму и луна – в кровь,
прежде нежели наступит день Господень,
великий и страшный.
И будет: всякий, кто призовет имя Господне,
спасется; ибо на горе Сионе и в Иерусалиме будет
спасение, как сказал Господь,
и у остальных, которых призовет Господь.
(Иоиль 2:31-32)

Пробудись,
Израиль!

Д-р Джей-Рок Ли

URIM
BOOKS

Dr. Jaerock Lee
Originally published in Korean by Urim Books, 851, Kuro-dong,
Kuro-gu, Seoul, Korea, www.urimbook.com
under the title
AWAKEN, ISRAEL
Copyright © 2008 by Dr. Jaerock Lee
Copyright ©2007 by Urim Publishing House
All rights reserved.

Джей-Рок Ли
Пробудись, Израиль / Право перевода принадлежит
Доктору Эстер К. Чонг. – СПб.
ISBN: 978-89-7557-144-2 (03230)
ISBN(CD-ROM): 978-89-7557-129-9 (08230)
Первое издание: 2008 г

Содержание

От автора

На заре XX века бесплодная земля Палестины, где в то время никто не хотел жить, стала свидетелем серии значительных событий. Иудеи, рассеянные по странам Восточной Европы, России и другим уголкам земли, начали собираться на запущенной земле, где не было ничего, кроме нищеты, голода, болезней и мучений.

Несмотря на высокий уровень смертности от малярии, недоедания, иудеи не потеряли веру и своих устремлений. Они решили построить кибуцц, сельскохозяйственную коммуну в Израиле, характеризующуюся общностью имущества и равенством в труде и потреблении. Теодор Херзл, основатель современного сионизма сказал: «Если есть к чему-то воля, то мечта сбудется». Так восстановление Израиля стало реальностью.

Справедливости ради, следует сказать, что мало кто верил тогда в восстановление Израиля, это казалось несбыточной мечтой. Иудеи, тем не менее, исполнили свою мечту и с основанием государства Израиль чудесным образом восстановили нацию впервые за почти 1900 лет.

Несмотря на многовековые преследования, когда народ был рассеян по всему миру, евреи сохранили свою веру, культуру и язык, непрестанно совершенствуя их. После основания современного Израиля его жители освоили бесплодные земли, много сил уделили развитию промышленности, что позволило занять подобающее место в списке развитых стран. Мужеством, способностью к процветанию в самых тяжелых условиях постоянного вызова, угроз и войн жители этой страны по праву завоевали уважение. После основания центральной церкви «Ман-Мин» в 1982 году Бог открыл мне по вдохновению от Святого Духа многое об Израиле, потому что независимость этого государства является знаком последнего времени и исполнения библейских пророчеств.

> *«Слушайте слово Господне, народы, и возвестите островам отдаленным и скажите: "Кто рассеял Израиля, Тот и соберет его, и будет охранять его, как пастырь стадо свое"»* (Иеремия 31:10).

Бог избрал народ Израиля, чтобы открыть Свое провидение, которым Он сотворил и возделал человека. Поставив Иакова, внука Авраама, отца веры, Бог до сего дня провозглашает свою волю потомкам Иакова и исполняет замысел развития человечества.

Когда Израиль веровал в Слово Божье, ходил по Его воле в послушании, он имел великую славу и честь среди народов. Когда Израиль отдалялся от Бога, проявляя непослушание, с ним начинали происходить различные бедствия: иностранные вторжения и странствия народа по чужим странам.

Израиль столкнулся с трудностями из-за своих грехов, но Бог никогда не забывал и не оставлял Своего народа. Израиль был всегда связан с Богом заветом Авраама, и Бог никогда не переставал работать с народом.

Под водительством Бога и его заботой Израиль сохранился как нация, добился независимости и опять занял место над всеми народами. Что помогло сохраниться древнему народу, что помогло восстановлению Израиля?

Многие называют выживание Израиля чудом. Масштаб преследований и угнетений, которые пришлось вынести еврейскому народу в период Диаспоры, не поддается описанию и пониманию. История Израиля сама по себе уже является доказательством истинности Библии.

После второго пришествия Иисуса Христа произойдут еще большие преследования и бедствия, чем тем те, которые пережили евреи. Конечно, все верующие, принявшие Иисуса Спасителем, будут восхищены на воздухе и будут участвовать в Брачном Пире с Господом. Не принявшие Иисуса своим Спасителем не будут восхищены в момент Его возвращения; им придется страдать семь лет Великой Скорбей.

«Ибо вот, придет день, пылающий как печь;
тогда все надменные и поступающие нечестиво
будут как солома, и попалит их грядущий день,
говорит Господь Саваоф, так что не оставит у

них ни корня, ни ветвей» (Малахия 4:1).

Бог уже открыл мне в деталях бедствия, которые будут происходить в период 7-ми лет Великой Скорби. По этой причине я искренне желаю, чтобы избранный Божий Израиль безотлагательно принял Иисуса, который уже ходил по земле около двух тысяч лет назад, своим Спасителем, чтобы ни один не остался в страданиях в годы Великой Скорби.

В 25-ую годовщину основания центральной церкви «Ман-Мин» я написал работу, в которой даются ответы, могущие утолить тысячелетнюю жажду еврейского народа по Мессии, ответы на вопросы, которые существуют и постоянно возникают.

Я желаю, чтобы каждый читатель этой книги принял близко к сердцу Божье слово любви и, не откладывая, вышел навстречу Мессии, Которого Бог послал всему человечеству!

С искренней любовью

Февраль 2008
Молитвенный дом Гефсимания
Преп. Д-р Джей-Рок Ли

От редактора

Я воздаю всю славу и благодарность Богу за то, что Он вел и благословлял нас в работе по изданию книги «Пробудись, Израиль!». Книга издана по воле Бога, желающего духовного пробуждения и спасения Израиля, безгранично любящего и не желающего потерять ни одной души.

В главе 1 «Израиль – Божий Избранник» показываются причины сотворения человека и его развития на земле по провидению Божьему. Объясняется, почему Бог избрал народ Израиля, стал управлять им как своим избранником в истории человечества. В этой главе также представлены герои веры Израиля, показан наш Господь, пришедший в этот мир по пророчествам о Спасителе из дома Давида для всех народов.

В главе 2 «Божий Мессия» рассматриваются библейские пророчества о Мессии. Иисус Христос был тем Мессией, прихода Которого так жаждал народ Израиля. Согласно закону о выкупе земли, Он отвечает всем признакам Спасителя человечества. Во второй главе показано, как ветхозаветные пророчества о Мессии исполнились в Иисусе Христе; показана связь смерти

Иисуса Христа с историей Израиля.

В третьей главе «Бог, в Которого верит Израиль» показывается Израиль, строго следующий закону и преданиям; здесь описываются элементы и факторы, которые угодны Богу. Показывая сдвиг, произошедший между законом Бога и преданием, которые создали сами евреи, автор в этой главе увещевает их искать истинную волю Бога, давшего им сначала закон, а потом исполнившего закон любовью.

В последней главе «Смотри и слушай!» исследуется наше время, на которое указывает Библия как на «последнее время» по пророчествам. Говорится о надвигающемся антихристе, о семи годах Великой Скорби. Свидетельствуя о двух тайнах Бога, Который в Своей бесконечной любви к Своему Избраннику подготовил водительство Израиля к завершающим моментам развития человечества, последняя глава книги убеждает народ Израиля не упускать возможность спасения.

Когда первочеловек, Адам, согрешил непослушанием и был изгнан из Эдемского сада, Бог поместил его на земле Израиля. С тех пор, взращивая человечество в надежде обрести истинных детей, Бог долготерпеливо, с любовью, превосходящей любовь родителей к детям, ожидает этого по сей день.

Больше нет времени откладывать или тратить время попусту. Пусть каждый из вас поймет, что мы живем в последнее время, пусть подготовится принять нашего Господа, Который вернется как Царь царей и Господь господствующих. Я молюсь об этом во имя Его.

Февраль 2008
Геум-Сун Вин, главный редактор

Благодарность

ШМА ИСРАЭЛЬ, СЛУШАЙ ИЗРАИЛЬ!

Начиная писать первые слова вступления к книге моего друга «Пробудись, Израиль!», я произношу слова Иисуса Назарянина, сказанные им с величайшей мукой в Гефсиманском саду: «Душа моя скорбит смертельно». Он говорил это, видя будущее, видя Голгофу, видя инквизицию, видя газовые печи Освенцима. Некоторые пророки Библии лишь иногда заглядывали в будущее, но Он видел будущее всегда, потому что Он знал Начало и Конец и был Началом и Концом. Мне часто кажется, что еврейский народ в своих страданиях повторил путь Иисуса. Он тоже прошёл все издевательства, на него тоже плевали и его стегали бичом, его тоже предавали неправедному суду, его тоже вели на Голгофу и распинали каждого из них, так же, как не принятого ими Спасителя.

Шма, Исраэль! Слушай, Израиль! «Шма Исраэль, Адонай Элохейну, Адонай эхад». Сотрясаются небеса от этой первой строчки молитвы: «Слушай, Израиль! Гоподь Бог наш, Гоподь один есть». Это первая тфила, которую произносит ребёнок, и с этими словами умирает духовный человек. «Тфила» – это не просто молитва Богу с просьбой о чём-то, это великое духовное желание приблизиться к Всевышнему. Произнося «Шма», мы объединяемся со всеми из народа Израиля, кто до нас служил на земле Богу, мы объединяемся с праотцами Авраамом, Исааком и Иаковом. После того, как мы произносим первую фразу «Слушай, Израиль!», мы продолжаем: «Благословенно Имя Его славного царства во веки веков!» и вместе с нами эти слова произносят все ангелы-служители Царя царей!

В этой великой молитве использованы следующие слова из Торы: «И люби Господа, Бога твоего, всем сердцем твоим, и всею душою твоею и всеми силами твоими». Высшая степень любви – это жертвование собой ради предмета твоей любви. Высший объект любви человека – это его Творец, Бог его жизни. Но события истории и развивающихся отношений человека с Богом показывают, что и человек стал для Бога предметом самой высокой любви и жертвенности. И это Бог подтвердил на скорбной Голгофской горе, когда Сын Его отдавал Себя на смерть ради любви к человеку, творению Божьему.

Библия говорит: «Вера от слышания». От слушания этой великой молитвы приходит вера в единого Бога, вера в спасающего Бога, вера в жертвующего собой Бога ради любви к детям Израиля и всему человечеству. В молитве «Слушай, Израиль!», «Шма, Исраэль!» – заповеди и благословение: «Слушай, Израиль: Господь Бог наш, Господь один есть»: И дальше: «И возлюби Господа, Бога Твоего, всем сердцем твоим, и всею душою твоею и всеми силами твоими». И как уже писалось нами, после этих слов каждый праведный иудей тихо произносит слова, не записанные в Торе: «Благословенно имя Его славного царствования во веки веков». Почему произносятся эти слова? Чтобы до Всевышнего донеслись наши слова о том, что мы знаем, кто Он, мы знаем Его и потому просим благословения на Его вечное царствование. Этими словами мы подтверждаем разумом и душой, что понимаем природу единого Господа.

Мы не можем прервать свой сон, если кто-то не скажет нам: «Вставай, ты должен проснуться, увидеть: идёт на тебя беда, ты должен встретить её подготовленным и сильным». Ангелы Божьи и пророки говорят сейчас Израилю: «Проснись, страна Божьего народа, на тебя движется беда». Но крепок сон у Израиля сегодня, как будто опоили его сонным напитком, и не может он подняться, не может он крикнуть, как когда-то кричал царь Давид: «Жив Господь»! А беда всё ближе и ближе. Подступают безжалостные враги к стенам городов, а Израиль спит, и ему снятся сны, в которых всё хорошо, и спорят между собой только свои, а врагов не видно!

И поэтому автор этой книги, мой друг, любящий Израиль, преданный ему всем сердцем своим, всей жизнью своею, обращается к народу Бога: «Проснись, Израиль!» Это обращение моего друга, корейского праведника Джей-Рока Ли. Он наделён от Бога необыкновенной силой, духовным видением и чутким сердцем посланника и праведника. Он будит Израиль в своей книге, которую я передаю вам, он говорит об этом в своих проповедях, в церквях, по телевидению:

«Проснись, Израиль, увидь своего Бога, обратись к Нему, и тогда враги твои будут посрамлены и побеждены у стен твоих. Если мы с Богом, то кто против нас? Если Бог со мной, кого мне бояться?!»

Эта книга – сигнал для избранного народа: поднимайся, открой глаза, увидь всё реальное, что окружает тебя. Пойми с Божьей помощью, кто твои друзья и кто твои враги. Духовным прозрением увидь, что многие друзья стали врагами. Так было во времена праотцев, так происходит и сейчас. Слушай, Израиль, пришёл твой час просыпаться, когда уже слышно нечистое дыхание врагов. Проснись, как проснулся Давид перед битвой с Голиафом, и пусть твоя праща поразит всех нечестивых, поднявших руку на народ Бога.

Избранный народ, обрати внимание на фигуру Иисуса из Назарета, Который повторяет каждому сыну и дочери Израиля: «Вот, стою у двери, и стучу: кто услышит голос Мой и отворит дверь, войду к нему и буду вечерять с ним, и он со Мною». Народ Торы, обрати внимание на Того, Кто сказал, что Он пришёл не изменить Закон, а исполнить Его. Многие не слышат голоса пророков, и потому не слышат Его, сказавшего: «Заповедь новую даю вам: да любите друг друга».

Часто невозможно любить сразу. Вначале нужно научиться терпеть. А на корнях терпения, со временем, могут вырасти цветы любви. И эта любовь, не абстрактное сентиментальное понятие, а любовь к Богу, трансформируемая по Божьему замыслу в любовь к ближнему, – может победить всех врагов Бога и избранного Им народа.

Так будем молиться и просить Всевышнего даровать для этого народу Израиля силу, веру и решительность.

И пусть вострубят во все шофары не только для напоминания о прошедшем, а для того, чтобы проснулся Израиль, и принял на себя великую ответственность за великие решения, и совершил великие дела. И дай Бог, чтобы Сам Адонай, Бог и Творец, участвовал в этом, чтобы по Слову Его всё совершилось в нашей жизни для славы Его.

Шма, Исраэль!!!

Доктор Михаил Моргулис
Февраль, 2008 год

«Звезда Давида» – символ еврейской общины, изображен на флаге Израиля

Глава 1

Израиль – Божий Избранник

Начало взращивания человечества

Моисей, великий израильский вождь, освободивший свой народ из египетского рабства и приведший их в обетованную землю Ханаана, служивший как полномочный голос Бога, начал книгу такими словами:

«В начале сотворил Бог небо и землю» (Бытие 1:1).

Бог сотворил небеса и землю за шесть дней и почил от всех дел Своих, благословил и освятил седьмой день. Зачем Бог-Творец создал вселенную и все в ней? Зачем создал человека и позволил человечеству, начиная с Адама, жить на земле?

Бог ожидал от человека взаимной любви

До сотворения неба и земли Всемогущий Бог существовал в неограниченной духовной сфере. После длительного периода одиночества Бог пожелал иметь тех, кого Он мог любить и кто ответил бы Ему взаимной любовью.

Бог обладал не только Божественной природой, Он ощущал радость, гнев, печаль, удовольствие, желание отдавать и получать любовь. В Библии есть много мест, указывающих на то, что Богу свойственна человеческая природа. Он был доволен праведными делами Израильтян (Второзаконие 10:15, Притчи 16:7), но горевал и гневался на них, когда они грешили (Исход 32:10, Числа 32:13).

Временами любому человеку хочется побыть одному, но ему становится только радостнее и благословеннее, если есть кто-то, с кем можно поделиться тем, что лежит на сердце. Поскольку Богу свойственна человеческая природа, Он захотел иметь кого-то, кому Он мог бы отдавать Свою любовь, чье сердце Он мог бы постигать. Он хотел взаимности.

Как замечательно иметь детей, которые будут постигать мое сердце, кого я смог бы любить, кто смог бы любить меня!

Бог имел план, по которому Он желал обрести истинных детей. Бог создал духовную сферу и физическую сферу, в которой должно было жить человечество.

Кто-то спросит: «Существует много небесных существ и ангелов, они проявляют полное послушание. Зачем Богу понадобилось столько проблем, создавая человека?» За небольшим исключением, небесные существа не обладают значительно важными элементами человеческой природы, благодаря которым человек способен любить и принимать любовь, принимать решение и делать выбор своей свободной волей. Небесные существа подобны роботам. Они послушны, действуют по команде, но не имеют чувств, не испытывают ни радости, ни гнева, ни печали, ни удовольствия. Они не в состоянии давать или принимать любовь.

Представьте двоих детей, один из которых никогда не выражает эмоций, всегда послушен и делает все, что ему скажут. Другой ребенок, невзирая на то, что огорчает порой своих родителей, проявляя свою свободную волю, скор на покаяние, тянется к родителям, показывает свою любовь, открывает свое сердце.

Из этих двоих кого вы предпочтете? Скорее всего, второго. Даже, если у вас есть робот, выполняющий за вас всякую работу, никто из вас не захочет иметь робота в качестве своего ребенка. Так же и Бог предпочел человека роботоподобным ангелам и небесным существам.

Божье провиденье по обретению истинных детей

Сотворив Адама, Бог создал Эдемский сад и позволил человеку им управлять. Бог – хозяин Своего творения, Он создал изобилие в Эдемском саду и дал человеку свободную волю и власть, чтобы тот жил как Его чадо. Однако был один запрет:

«...От всякого дерева в саду ты будешь есть, а от дерева познания добра и зла не ешь от него, ибо в день, в который ты вкусишь от него,

смертью умрешь» (Бытие 2: 16-17).

Бог создал систему для существования Бога-Творца и сотворенного Им человечества; Он желал, чтобы Адам слушался Его, исходя из своей свободной воли, от искренности своего сердца. Прошло много времени, Адам забыл слово Бога и согрешил непослушанием, вкусив от дерева познания добра и зла.

В 3-й главе книги Бытие есть сцена, в которой змей, спровоцированный сатаной, спрашивает Еву: *«Подлинно ли сказал Бог: не ешьте ни от какого дерева в раю?»* Ева отвечала: *«Плоды с дерев мы можем есть, только плодов дерева, которое среди рая, сказал Бог, не ешьте их и не прикасайтесь к ним, чтобы вам не умереть».*

Бог ясно сказал Еве: *«Ибо в день, в который ты вкусишь от него, смертью умрешь»,* – но она переиначила слова Бога и сказала: *«Чтобы вам не умереть».*

Сообразив, что Ева не приняла к сердцу повеления Бога, змей проявил больше агрессивности и усилил искушение. *«Нет, не умрете»,* – сказал он Еве, – *«но знает Бог, что в день, в который вы вкусите их, откроются глаза ваши, и вы будете, как боги, знающие добро и зло».*

Когда сатана посеял алчность в сознание женщины, она по-другому посмотрела на дерево познания добра и зла. Дерево стало казаться пригодным для пищи, приятным для взора, захотелось от него попробовать, чтобы стать мудрее. Ева вкусила плод дерева и дала мужу, и он тоже ел.

Так Адам и Ева совершили грех непослушания Божьему Слову, и смерть стала их реальностью (Бытие 2:17).

Здесь слово «смерть» относится не только к физической смерти, когда тело перестает дышать, но и к духовной смерти. После того, как Адам вкусил запретный плод, у него родились дети и он умер в возрасте 930 лет (Бытие 5:2-5). Даже на основании этих стихов мы понимаем, что имелась в виду не физическая смерть.

Человек был создан как единство духа, души и тела. Он обладал духом, которым мог общаться с Богом, душой, которая была подконтрольна духу, и телом, служившим щитом для духа и души. После того, как человек нарушил заповедь и согрешил неповиновением, его дух умер, общение с Богом прервалось. Это называется духовной смертью, о которой Бог сказал в Бытии 2:17.

После грехопадения Адам и Ева были изгнаны из прекрасного, изобильного Эдема. Так начались страдания человечества. Муки деторождения постигли женщину, которая с этих пор имела влечение к мужу, а он господствовал над ней, в то время как он тяжким трудом со скорбями добывал хлеб насущный на проклятой земле (Бытие 3:16-17).

Бытие 3:23 повествует: *«И выслал его Господь Бог из сада Едемского, чтобы возделывать землю, из которой он взят»*. Здесь «возделывание земли» означает не только факт того, что человек с этой поры начал работать на земле для своего пропитания, но еще и то, что он, сотворенный из праха земного, должен был «возделывать свое сердце», живя на земле.

Взращивание человечества начинается с грехопадения Адама

Адам, созданный Богом живым существом, не имел в себе зла, ему не надо было возделывать землю, из которой он был взят, ему не надо было воспитывать свое сердце. После грехопадения сердце Адама заполнила ложь, поэтому он должен был возделывать сердце, воспитывать в себе сердце чистое, такое, какое оно было сразу после сотворения.

Когда Бог заставил Адама «возделывать землю, из которой он был взят», Он поставил его в такой жизненный процесс в этом мире, в котором Адаму, созданному из праха земного, было необходимо воспитывать свое сердце, запачканное грехом, и становиться истинным чадом Божьим.

«Возделывание» – это процесс, в котором земледелец сеет, ухаживает за посеянным, собирает урожай. Чтобы «возделывать», то есть воспитывать человечество на земле и обретать в результате этого процесса истинных детей, Бог посеял первые семена, Адама и Еву. В результате родилось несчетное число детей непослушного Адама, которые получали рождение свыше и становились детьми Божьими после того, как воспитывали свои сердца и восстанавливали в себе потерянный образ Бога

Развитие человечества – это процесс, в котором Бог играет главную роль и управляет историей от Сотворения до Суда.

Как земледелец вынужден бороться с дождями, засухой, заморозками и градом после посевной, чтобы собрать урожай прекрасных и вкусных плодов, так человек выступает как истинное чадо Бога, преодолевая смерть, болезнь, расставания и другие скорби во время своей жизни на земле.

Почему Бог поместил дерево познания добра и зла в Эдемском саду

Причину, по которой Бог поместил дерево познания добра и зла в Эдемском саду, мы найдем здесь. Некоторые задают вопрос: «Почему Бог посадил дерево познания добра и зла в Эдемском саду, ведь человек согрешил из-за этого?» Но в том, что Бог поместил дерево познания добра и зла в Эдеме, заложено прекрасное провиденье, благодаря которому Бог хотел, чтобы человек узнал об относительности.

Большинство думает, что Адам и Ева были всегда счастливы в Эдеме, не зная слез, горя, болезни и скорби. Не зная относительности, Адам и Ева не осознавали, что они счастливы. Они не знали истинного счастья и любви.

Например, могут ли два ребенка, получив одинаковый подарок одинаково реагировать, если один родился и воспитывается в зажиточной семье, а другой растет в нужде? Второй будет выражать благодарность и радость из глубины своего сердца по сравнению с ребенком из богатой семьи.

Для признания истинной ценности вещи надо познать противоположность этого. Только страдающий от болезни по-настоящему может оценить дар крепкого здоровья. Только стоящий на грани смерти и ада сумеет оценить жизнь и поблагодарить любящего Бога от всего сердца за дар вечной жизни.

В изобилующем Эдемском саду первый человек Адам наслаждался всем, что ему дал Бог, даже властью над всеми земными существами. Но, поскольку это все не было результатом его труда и пролитого пота, Адам не мог до конца оценить то, что имел. Только оказавшись в этом мире, где он узнал слезы, горе, болезни, скорби, несчастья и смерть, Адам понял разницу между радостью и печалью, понял, какую свободу и какое преуспевание он имел у Бога.

Что хорошего было бы для нас в вечной жизни, если бы мы не отличали радость от печали? Мы сталкиваемся с трудностями, но через некоторое время, когда трудный период закончится, мы можем сказать: «Какая радость!» – и наша жизнь после этого становится куда более достойной и благословенной.

Разве родители не пошлют ребенка в школу только

на том основании, что ему будет тяжело учиться? Если родители истинно любят своего ребенка, они отправят его учиться, будут помогать ему учиться прилежно, понесут расходы, чтобы тот добился лучшего будущего.

Сердце Бога, сотворившего человека и воспитывающего человечество совершенно такое же. По этой причине Он поместил дерево познания добра и зла в Эдемском саду и не стал препятствовать Адаму, когда тот по своей свободной воле решил попробовать запретный плод. Он хотел, чтобы человек узнал радость, гнев, печаль и удовольствие в период развития человечества. Человек способен искренне полюбить Бога, только если он узнал относительность, понял, что такое истинная любовь, радость и благодарность.

В процессе человеческого развития Бог желал обрести истинных детей, которые узнали бы Его сердце, уподоблялись бы Ему, желал вечно пребывать с ними на небесах в любви.

Взращивание человечества начинается в Израиле

Когда Бог изгнал первочеловека после совершения им греха непослушания Слову Божьему из Эдемского сада, Адам не имел возможности выбирать, где он будет жить на земле. Бог Сам решил, что это будет земля Израиля.

В этом заключался Божий замысел и Его провидение. Претворяя великий план взращивания человечества, Бог избрал народ Израиля в качестве модели развития. По этой причине Бог и позволил Адаму начать новую жизнь на земле, где должен был начаться и существовать народ Израиля.

По прошествии времени потомки Адама стали неисчислимы и ко времени рождения Иакова, потомка Авраама, начал существовать Израиль. Бог желал открыть Свою славу и Свое провидение развития человечества через историю Израиля не только евреям, но и всем народам мира.

Поэтому история народа Израиля, за которую несет ответственность Сам Бог, не просто история одной нации, но Божественное послание всему человечеству.

Почему Бог избрал именно Израиль в качестве модели развития человечества? Это произошло благодаря их превосходящего статуса, то есть его отличной от других внутренней сущности.

Израиль является потомком Авраама, обретшего расположение в глазах Бога. Он также потомок Иакова, настойчиво боровшегося с Богом и одержавшего победу. Поэтому, даже потеряв свою родину, скитаясь по разным странам столетиями, народ Израиля не утратил свою самобытность.

Более того, народ Израиля в течение тысячелетий сохранял Слово Божье, передаваемое из уст в уста из поколения в поколение, и всегда старался жить по Слову. Конечно, были времена, когда целый народ отдалялся от Божьего Слова и грешил против Него, но непременно каялся, возвращался к Богу и никогда не терял веры в своего ГОСПОДА Бога.

Восстановление независимого Израиля в XX веке само по себе демонстрирует, каким сердцем обладают потомки Иакова.

В книге пророка Иезекииля 38:8 сказано: *«После многих дней ты понадобишься; в последние годы ты придешь в землю, избавленную от меча, собранную из многих народов, на горы Израилевы, которые были в постоянном запустении, но теперь жители ее будут возвращены из народов, и все они будут жить безопасно».* Здесь «в последние годы» означает, что время развития человечества подойдет к концу, а «горы Израилевы» означают город Иерусалим, расположенный почти на 2.529 футов выше уровня моря.

Когда пророк Иезекииль говорит, что «многие народы будут собраны на горы Израиля», он подразумевает возвращение евреев со всех концов земли и воссоздание государства Израиль. Согласно Слову Божьему, Израиль был уничтожен римлянами в 70 г. и провозглашен независимым государством 14 мая 1948 года. К тому времени земля была «в постоянном запустении», а сегодня Израиль стал государством, которое нельзя не заметить или игнорировать.

Божья цель избрания Израиля

Почему именно в Израиле Бог начал развитие человечества, избрал народ Израиля и руководил историей Израиля?

Во-первых, Бог желал провозгласить всем народам через историю Израиля, что Он – Творец неба и земли, что Он – истинный и живой Бог. Даже язычники могут легко почувствовать присутствие Бога, изучая историю Израиля и понять Его провидение в направлении истории человечества.

«И увидят все народы земли, что имя Господа [Бога твоего] нарицается на тебе, и убоятся тебя» (Второзаконие 28:10).

«Блажен ты, Израиль! кто подобен тебе, народ, хранимый Господом, Который есть щит, охраняющий тебя, и меч славы твоей? Враги твои раболепствуют тебе, и ты попираешь выи их» (Второзаконие 33:29).

Избранник Божий, Израиль, получал великие преимущества, это очевидно из его истории. Например, когда Раав приняла двух человек, которых Иисус Навин послал на разведку в землю Ханаана, она сказала им: *«Я знаю, что Господь отдал землю сию вам, ибо вы навели на нас ужас, и все жители земли сей пришли от вас в робость; ибо мы слышали, как Господь [Бог] иссушил пред вами воду Чермного моря, когда вы шли из Египта, и как поступили вы с двумя царями Аморрейскими за Иорданом, с Сигоном и Огом, которых вы истребили;*

когда мы услышали об этом, ослабело сердце наше, и ни в ком [из нас] не стало духа против вас; ибо Господь Бог ваш есть Бог на небе вверху и на земле внизу» (Иисус Навин 2:9-11).

Во время вавилонского плена евреев, когда царь Навуходоносор ощутил Бога, Которому поклонялся Даниил, царь мог сказать только следующее: *«Славлю, превозношу и величаю Царя Небесного, Которого все дела истинны и пути праведны, и Который силен смирить ходящих гордо»* (Даниил 4).

Даже когда Израиль находился под правлением Персии, увидев, как действует живой Бог и отвечает на молитвы царицы Есфири, *«многие из народов страны сделались Иудеями, потому что напал на них страх пред Иудеями»* (Есфирь 8:17).

Когда через евреев разные народы видели живого Бога, даже язычники начинали бояться Бога и поклоняться Ему, и их потомки, зная об этих событиях, тоже поклонялись величию Бога.

Во-вторых, Бог избрал Израиль и лично вел народ, потому что желал, чтобы все человечество узнало из истории Израиля причину, по которой Он сотворил человека и воспитывал его.

Бог занимается взращиванием человечества, потому что ищет истинных детей. Чтобы стать истинным чадом Божьим, надо уподобляться Богу, благому, любящему, праведному и святому. Бог желает, чтобы Его дети любили Его и жили по Его воле.

Когда народ Израиля жил по Божьим заповедям, любил Его и служил Ему, Он поставил их над всеми народами. И напротив, когда народ служил идолам и забывал о Божьих заповедях, на них обрушивались всякого рода бедствия, трудности, войны, природные катаклизмы, народ угоняли в плен.

На каждом шагу этого процесса иудеи учились смиряться перед Богом, и каждый раз, когда они смирялись, Бог восстанавливал их Своей бесконечной милостью и любовью и вводил их в пределы Своей благодати.

Когда царь Соломон любил Бога и исполнял Его заповеди, он имел великую славу и величие, но, когда царь начал отдаляться от Бога и служить идолам, слава и величие тускнели. Страна была могущественной во время царствования Давида, Иосафата и Езекии, тех, кто жил по закону Бога, а во время правления царей, отвергавших Божьи пути, Израиль был слаб и находился под натиском иностранных вторжений.

История Израиля, ясно открывающая Божью волю, служит зеркалом, отражающим Божью волю всем народам земли. Она утверждает, что, когда люди, созданные по образу и подобию Бога, живут по Его заповедям и становятся Его освященными детьми, они получают и Его благословения, и Его милость.

Избранный явить Божье Провидение всем народам земли, Израиль обрел огромное благословение. Будучи народом-священником, несущим ответственность за

Слово Божье и служение Ему, он получил глубокую любовь Бога и благословения. Даже когда народ грешил, Бог прощал им их грехи и восстанавливал их, если они искренне и смиренно каялись, как Он обещал их отцам.

Есть еще одно особое благословение, обещанное избранному народу Божьему, – дивное обетование славы Бога в Мессии, Который явится из их народа.

Великие герои веры

Авраам, отец веры, основатель нации, родился около четырех тысяч лет назад в Уре Халдейском. Он отличался верой и послушанием и обрел глубокую любовь и признание Бога, Который назвал его Своим другом. В Бытии 12:1-2 Бог пообещал Аврааму:

«Пойди из земли твоей, от родства твоего и из дома отца твоего [и иди] в землю, которую Я укажу тебе; Я произведу от тебя великий народ, и благословлю тебя, и возвеличу имя твое, и будешь ты в благословение».

К этому времени Авраам был уже немолод, у него не было наследника, он не знал, куда идет. В такой ситуации проявить послушание Богу непросто. Не зная цели своего пути, Авраам пошел, полностью доверившись Слову Бога, Который никогда не нарушает Своих обещаний.

Двигаясь верой в Бога, он обрел многие благословения, которые были ему обещаны в жизни. Авраам продемонстрировал не только совершенное послушание Богу и добрые дела для Него, но и в отношениях с другими он всегда искал добра и мира. Например, когда Авраам вышел из Харана по приказу Бога, его племянник Лот пошел с ним. Когда их скот непомерно увеличился, Авраам и Лот уже не могли находиться на одной территории. Недостаток воды и пастбищ приводил к ссорам и конфликтам между скотоводами Авраама и Лота. Хотя Авраам был гораздо старше, он не стал настаивать на своих привилегиях, он уступил своему племяннику Лоту право выбора лучшего участка земли.

«Не вся ли земля пред тобою? отделись же от меня: если ты налево, то я направо; а если ты направо, то я налево» (Бытие.13:9).

Авраам был чист сердцем, он сказал царю Содомскому, которого освободил из плена и которому вернул все его имущество: *«Даже нитки и ремня от обуви не возьму из всего твоего» (Бытие14:23).* Когда Бог предупредил его о том, что города Содом и Гоморра, погрязшие в грехе, будут уничтожены, Авраам, человек духовной любви, долго умолял Бога не разрушать их, пока не получил ответа, что города не будут разрушены, если в них окажется хоть десять праведников. Доброта и вера Авраама были совершенны до такой степени, что он подчинился Божьему приказанию принести в жертву всесожжения своего единственного и долгожданного сына.

В Бытии 22:2 Бог повелел Аврааму: *«Бог сказал: возьми сына твоего, единственного твоего, которого ты любишь, Исаака; и пойди в землю Мориа и там принеси его во всесожжение на одной из гор, о которой Я скажу тебе».* Исаак родился у Авраама, когда тому было сто лет. Бог уже сказал Аврааму, что тот, который родится от него, станет его наследником, и что его потомков будет столько же, сколько звезд на небе. Если бы Авраам поддался плотскому размышлению, он не смог бы исполнить повеление Бога и пожертвовать Исааком. Но Авраам немедленно послушался, не задавая вопросов. В тот момент, когда Авраам занес руку с ножом над Исааком, лежавшим на выстроенном Авраамом жертвеннике, ангел Божий позвал его и сказал: *«Авраам! Авраам! Не поднимай руки твоей на отрока и не делай над ним ничего, ибо теперь Я знаю, что боишься ты Бога и не пожалел сына твоего, единственного твоего, для Меня».* Какая благословенная и трогательная сцена!

Он никогда не допускал плотских мыслей, поэтому в сердце Авраама не было конфликтов и тревоги, он проявлял послушание только верой. Он полностью положился на верность Бога, Который обязательно исполнит все, что обещал, он положился на всемогущего Бога, воскрешающего мертвых, Бога любви, желающего дать Своим детям только благо. Сердце Авраама было исполнено послушания, поэтому Бог принял дела веры Авраама.

> *«Так как ты сделал сие дело, и не пожалел сына твоего, единственного твоего, [для Меня,] то Я благословляя благословлю тебя и умножая умножу семя твое, как звезды небесные и как*

песок на берегу моря; и овладеет семя твое городами врагов своих; и благословятся в семени твоем все народы земли за то, что ты послушался гласа» (Бытие 22:16-18).

Авраам проявлял благость и веру, чем угодил Богу, за это Бог назвал его Своим другом. Он получил огромные благословения, став героем веры и отцом всех народов. Как пообещал Бог, впервые обратившись к нему: *«Я благословлю благословляющих тебя, и злословящих тебя прокляну; и благословятся в тебе все племена земные» (Бытие 12:3),* – так Он и сделал: Авраам обрел благословения и стал источником благословений.

Промысел Божий: Иаков, прародитель Израиля, и Иосиф, толкователь снов

У Авраама родился сын Исаак, а из двух сыновей Исаака Бог избрал Иакова, чье сердце возвышалось над сердцем брата еще тогда, когда оба были в утробе матери. Позже Иаков получил имя Израиль, он стал основателем народа Израиля, отцом Двенадцати Колен.

Иаков настолько сильно жаждал Божьего благословения, что купил право первородства у своего брата Исава за миску чечевичной похлебки и обманом убедил своего отца, что он тот, за кого себя выдает. Однако под влиянием наследственности Иаков так и остался обманщиком, но Бог знал, что, изменившись, Иаков станет великим. По этой причине Бог допустил Иакову двадцать лет испытаний, чтобы он окончательно отрекся от своего мировоззрения и полностью смирился перед Богом.

Скрываясь от преследований своего брата Исава, у которого он обманом выменял полагающееся тому по праву первородства отцовское благословение, Иаков был вынужден работать на своего дядю Лавана пастухом. Ему пришлось немало потрудиться, ухаживая за стадами овец и коз, днем под палящим солнцем, ночью дрожа от холода, когда сон бежал от его глаз.

Учитывая такую верность Иакова, Бог, Который воздает каждому человеку по принципу «сеяния и жатвы», благословил Иакова огромным богатством. Когда Бог повелел ему возвратиться на родину, Иаков оставил Лавана и двинулся домой с семьей и имуществом. Дойдя до реки Иавок, Иаков узнал, что его брат Исав находился на другом берегу, и с ним 400 человек.

Иаков уже не мог вернуться к Лавану, потому что дал тому обещание. Не мог он также и перейти на другой берег, там его ждал Исав, снедаемый жаждой мести. Оказавшись в такой ситуации, Иаков не стал полагаться на свою мудрость, он предал все в руки Бога в молитве. *«И боролся Некто с ним до появления зари; и, увидев, что не одолевает его, коснулся состава бедра его и повредил состав бедра у Иакова, когда он боролся с Ним».*

Борясь с Богом, Иаков получил Его благословение: *«Отныне имя тебе будет не Иаков, а Израиль, ибо ты боролся с Богом, и человеков одолевать будешь» (Бытие 32:28).* После этого он смог примириться со своим братом.

Бог избрал Иакова, потому что тот был настойчив, смел, а после всех жизненных испытаний мог сыграть великую роль в истории Израиля.

Родоначальниками Израиля стали 12 сыновей Иакова. Поскольку сначала они представляли из себя небольшое племя, Бог замыслил поместить их в границах Египта, который к тому времени был могущественной страной, пока потомки Иакова сами не стали великим народом. Это было заветом Божьей любви с ними, так как Он хотел защитить их от других народов и возложил исполнение своего грандиозного замысла на Иосифа, 11-го сына Иакова.

У Иакова было 12 сыновей, но из всех своих детей он более всего любил Иосифа, баловал его красивой разноцветной одеждой и всякий раз выделял его среди других сыновей. Этот младший сын стал мишенью для нападок со стороны своих братьев, которые возненавидели его из ревности к отцу и продали в рабство в Египет, когда тому было всего 17 лет. Иосиф ни разу не пожаловался и не затаил против них зла.

Прилежно и верно работая в доме Потифара, вельможи фараона, начальника телохранителей, Иосиф стал надсмотрщиком и доверенным дома Потифара. Проблема возникла, когда красивого и привлекательного

Иосифа стала преследовать жена вельможи.

Боясь Бога больше всего, Иосиф смело противостал домогательствам женщины и сказал: *«Как же сделаю я сие великое зло и согрешу пред Богом?»* Обвиненного женщиной Иосифа заключили в темницу, где содержались царские узники. Бог был с Иосифом, Он даровал ему милость и вскоре Иосифа назначили распорядителем тюрьмы, и он нес ответственность «во всем, что они там ни делали».

С этих шагов Иосиф начал обретать мудрость, которая в будущем позволила ему править народом, развивать его политику и стать великим сосудом, который смог принимать в свое сердце многих людей. Истолковав сны фараона, предложив мудрые решения, Иосиф стал наместником фараона, заместителем командующего армией. Проведя его через испытания, во исполнение своего замысла, Бог сделал 30 летнего Иосифа вторым человеком после правителя одной из самых могущественных держав древнего мира.

Как Иосиф и предсказывал на основании снов фараона, Ближний Восток, включая Египет, поразил семилетний голод. Но, поскольку он сделал соответствующие приготовления, Иосиф помог спасти всех египтян. Братья Иосифа, прибывшие сюда в поисках пропитания, воссоединились со своим братом и вскоре оставшаяся семья перебралась в Египет, где они жили в преуспевании и подготовили путь для зарождения народа Израиля.

Моисей – Великий вождь Исхода

Осев в Египте, потомки Израиля увеличились числом, преуспели и вскоре стали настолько значимы и многочисленны, что сами представляли из себя отдельный народ. Когда к власти пришел новый царь, не знавший Иосифа, ему не понравилось ни процветание, ни сила потомков Израиля. Царь и его придворные начали притеснять народ, делая их жизнь все более горькой, заставляя их непомерно трудиться на производстве кирпичей, в полях, с жестокостью возлагая на них все больше и больше повинностей (Исход 1:13-14).

«Но чем более изнуряли его, тем более он умножался и тем более возрастал». Фараон вскоре приказал убивать при рождении всех израильских мальчиков. Слыша крик израильтян о помощи, Бог помнил о завете, который Он заключил с Авраамом, Исааком и Иаковом.

«Дам тебе и потомкам твоим после тебя землю, по которой ты странствуешь, всю землю Ханаанскую, во владение вечное; и буду им Богом» (Бытие 17:8).

«Землю, которую Я дал Аврааму и Исааку, Я дам тебе, и потомству твоему по тебе дам землю сию»(Бытие 35:12).

Чтобы вывести сынов Израиля из рабства и привести в землю Ханаанскую, Бог подготовил человека, послушного Его повелениям и способного руководить народом.

Для этого родился Моисей. Родители прятали Моисея в течение трех месяцев после его рождения, а, когда прятать было уже нельзя, его положили в корзинку и поставили ее у камышей на Ниле. Дочь фараона, обнаружив младенца, решила оставить его себе. Сестра младенца, стоявшая поодаль и наблюдавшая за всей этой сценой, посоветовала взять в кормилицы ребенку его родную мать.

Таким образом, хоть Моисей и вырос в царском дворце, его воспитала мать, и он, естественным образом, узнал от нее о Боге, израильтянах, то есть, о собственном народе.

Однажды он стал свидетелем того, как египтянин жестоко избивает еврея. Воспылав гневом, он убил египтянина. Когда об этом стало известно, Моисею пришлось убежать от фараона и остаться в земле Мадиамской, пася овец 40 лет. Это было частью промысла Бога, Который готовил и воспитывал Моисея в качестве вождя Исхода.

Бог призвал Моисея и повелел ему вывести народ из Египта в Ханаан, землю, текущую молоком и медом.

Когда фараон, ожесточившись сердцем, не послушал Моисея, Бог обрушил на Египет Десять Казней и силой заставил отпустить народ.

Потеряв своего первенца, фараон смирился перед Богом и освободил народ Израиля из рабства. Бог лично вел народ на каждом их шагу, Он разделил воды Красного моря, чтобы они посуху сумели его перейти. Действуя через Моисея, Он сохранял их в течение 40 лет хождения по пустыне. Когда у них не было питьевой воды, Бог давал воду из скалы, когда не было пищи, он посылал с неба манну и перепелов.

Верный Бог ввел народ Израиля в землю Ханаана под руководством Иисуса Навина, преемника Моисея. Он позволил захватить город Иерихон после перехода через реку Иордан. Он позволил им завоевывать и заселять большую часть земель Ханаанских, текущих молоком и медом.

Конечно, завоевание Ханаана было не только благословением для Израиля, но и судом для обитателей этих земель, которые стали нечестивыми, погрязшими в грехах и зле. Их возраставшая нечестивость должна была быть наказана, и Бог в Своей праведности позволил израильтянам захватить землю.

Как Бог пообещал Аврааму, *«в четвертом роде возвратятся они сюда» (Бытие 15:16)*, так и произошло: потомки Авраама, Иаков и его сыновья, ушли из Ханаана в Египет, осели там, а их потомки вернулись в землю Ханаан.

Давид основывает сильный Израиль

После завоевания Ханаана и после эпохи Судей,

когда Бог лично правил через пророков, Израиль стал царством. При царе Давиде, любившем Бога превыше всего, народ воздавал славу Богу.

Когда Давид был юношей, ему довелось победить филистимлянина – великана ударом камня из пращи. За этот подвиг царь Саул поставил его начальником над военными людьми. Когда Давид вернулся домой после победы над филистимлянами, женщины встречали воинов с песнями и восклицали: «Саул победил тысячи, а Давид – десятки тысяч!» Народ очень полюбил Давида, но ему приходилось все время убегать от царя Саула, желавшего его смерти из зависти.

Во время гонений со стороны Саула Давиду два раза предоставлялась возможность расправиться с Саулом, но он отказывался убивать царя, помазанника Бога, и старался делать ему только благо. Однажды Давид пал лицем на землю и поклонился царю Саулу до самой земли и сказал: *Отец мой! посмотри на край одежды твоей в руке моей; я отрезал край одежды твоей, а тебя не убил: узнай и убедись, что нет в руке моей зла, ни коварства, и я не согрешил против тебя; а ты ищешь души моей, чтоб отнять ее* (1-ая Царств 24).

Давид был человеком по сердцу Бога, он всегда делал добро. Став царем, он правил справедливо и укреплял государство. С ним был Бог, поэтому Давид побеждал в войнах с филистимлянами, моавитянами, амаликитянами, аммонитянами, едомитами. Он расширил территорию Израиля за счет военных побед, обогатил казну и привел царство к процветанию.

Во время своего царствования Давид перенес Ковчег Завета в Иерусалим, установил правила жертвоприношений, укрепил веру народа в ГОСПОДА Бога. Он сделал Иерусалим политическим и религиозным центром царства и подготовил все для строительства Храма в царствование Соломона.

Царствование царя Давида отмечено в истории Израиля как период величия и великолепия. Этого царя, всегда и во всем воздававшего славу Богу, очень любил народ. Каким великим должен был быть Давид, если сам Мессия стал одним из его потомков!

Илия обращает сердца израильтян к Богу

Идолопоклонство царя Соломона привело к тому, что после его смерти царство разделилось. Десять колен Израиля сформировали северное царство, Израиль, а оставшиеся два – южное царство, Иудею. В Царстве Израиль пророки Амос и Осия провозглашали народу волю Бога, а пророки Исаия и Иеремия несли служение в Царстве Иудея. Во время благоугодное Бог посылает Своих людей для исполнения Его воли. Одним из таких людей стал пророк Илия, служивший Богу при царе Ахаве в северном царстве.

Во времена Илии языческая царица Иезавель ввела в Израиле поклонение Ваалу и вскоре идолопоклонство распространилось по всему царству. Пророк Илия должен был сообщить царю Ахаву, что, осуждая идолопоклонство, Бог выносит им наказание тем, что в Израиле не будет дождя в течение трех с половиной лет.

Когда пророку сообщили, что царь собирается его убить, он убежал в Сарепту, принадлежащую Сидону. Вдова накормила его хлебной лепешкой, испеченной из последней муки, остававшейся в ее доме. Илия сотворил чудо, и после его молитвы мука и масло никогда не кончались у вдовы. Илия также оживил ее сына.

На вершине горы Кармил Илия противостоял 450 жрецам Ваала и 400 жрецам Астарт и свел огонь Божий с неба. Чтобы отвратить сердца Израильтян от идолов, и обратить их к Богу, Илия восстановил жертвенник Богу, вылил на жертвоприношения воду и помолился Богу.

«Увидев это, весь народ пал на лице свое и сказал: Господь есть Бог, Господь есть Бог! И сказал им Илия: схватите пророков Вааловых, чтобы ни один из них не укрылся. И схватили их, и отвел их Илия к потоку Киссону и заколол их там» (3-я Царств 18:39-40).

Илия свидетельствовал о могуществе живого Бога, вызвав дождь с неба после трех с половиной лет засухи, пересекая реку Иордан посуху, пророчествуя о событиях, которые должны были произойти.

Во 2-ой книге Царств 2:11 написано: *«Когда они [Илия и Елисей] шли и дорогою разговаривали, вдруг явилась колесница огненная и кони огненные, и разлучили их обоих, и понесся Илия в вихре на небо».* Илия угодил

Богу своей верой, обрел Его любовь и признание, за это пророк вознесся на небо, не увидев смерти.

Даниил являет народам Славу Бога

Через двести пятьдесят лет, приблизительно в 605 году до Р.Х., во второй год царствования Иоакима Иерусалим пал под натиском армии вавилонского царя Навуходоносора, и Даниил, член царской семьи царства Иудеи, оказался в плену.

Исполняя план по примирению, царь Навуходоносор приказал Асфеназу, начальнику своих царедворцев, привести нескольких юношей из Израиля, царского и княжеского рода, не имевших телесного недостатка, красивых, способных к наукам и к служению при царском дворе. Царь приказал обучать молодых людей литературе, халдейскому языку; среди них оказался Даниил (Даниил 1:3-4).

Однако *«Даниил положил в сердце своем не оскверняться яствами со стола царского и вином, какое пьет царь, и потому просил начальника евнухов о том, чтобы не оскверняться ему»* *(Даниил 1:8).*

Невзирая на то, что Данил был военнопленным, он получал Божьи благословения, потому что боялся Бога и демонстрировал это во всем. *«И даровал Бог четырем сим отрокам знание и разумение всякой книги и мудрости, а Даниилу еще даровал разуметь и всякие видения и сны»* *(Даниил 1:17).*

Признав неординарные способности Даниила,

царь Дарий решил назначить его на службу при дворе. Придворные вельможи, снедаемые завистью к успехам молодого человека, стали искать удобного случая, чтобы обвинить того в нелояльности к существующему правлению. Но они не могли найти ничего, чтобы очернить юношу.

Однажды, узнав, что Даниил три раза в день совершает молитву Богу, царедворцы и сатрапы предстали с докладом перед царем и упросили его подписать указ о том, что всякий, обращающийся в течение месяца с прошением к кому-либо богу или человеку, кроме царя, будет брошен в ров со львами. Даниил не изменил своей вере, даже под угрозой потери своей репутации, высокого положения и самой жизни он, как и раньше, продолжал молиться, обращаясь лицом в сторону Иерусалима.

По приказу царя Даниила бросили в ров со львами, но посланный Богом ангел не дал львам растерзать юношу; он остался невредим. Узнав об этом, царь Дарий написал всем народам, говорящим на разных языках, проживавшим на территории его царства, и призвал всех воспеть хвалу и воздать славу Богу:

«Мною дается повеление, чтобы во всякой области царства моего трепетали и благоговели пред Богом Данииловым, потому что Он есть Бог живый и присносущий, и царство Его несокрушимо, и владычество Его бесконечно. Он избавляет и спасает, и совершает чудеса и знамения на небе и на земле; Он избавил Даниила

от силы львов"» (Даниил 6:26-27).

В этой книге не хватит места для того, чтобы описать подвиги веры Гедеона, Варака, Самсона, Иеффая, Самуила, Исаии, Иеремии, Иезекииля, трех друзей Даниила, Есфири и все других пророков, упомянутых в Библии.

Великие отцы всех народов земли

С самого основания Израиля Бог лично руководил ходом истории этого народа. Каждый раз, когда народ оказывался в кризисе, Бог избавлял его, благодаря пророкам, которых Он посылал; Он направлял историю и обретал славу через пророков.

Поэтому именно история Израиля вершится от дней Авраама, согласно Божьему Промыслу, и так будет, пока не наступит конец времени.

Надо отметить одну крайне важную вещь: отцы веры из среды народа Израиля, избранные Богом, творили Божьи дела не только для евреев, но для всех верующих в единого Бога.

«От Авраама точно произойдет народ великий и сильный, и благословятся в нем все народы земли» (Бытие 18:18).

Бог желает, чтобы «все народы земли», верой ставшие детьми Авраама, получили благословения Авраама. Эти благословения не только для Его Избранника, Израиля. В Бытии 17:4-5 Бог говорит Аврааму: *«Вот завет Мой с тобою: ты будешь отцом множества народов…»*, *«Я сделаю тебя отцом множества народов»* и *«благословятся в семени твоем все народы земли»* *(Бытие 22:17-18).*

Более того, в ходе истории Израиля Бог открыл путь, которым «все народы земли» смогут узнать истинного Бога, смогут служить Ему, стать Его детьми и обрести Его любовь.

> *«Я открылся не вопрошавшим обо Мне; Меня нашли не искавшие Меня. "Вот Я! вот Я!" говорил Я народу, не именовавшемуся именем Моим»* *(Исаия 65:1).*

Бог упрочил великих отцов веры и лично руководил ими, чтобы язычники и Его избранный Израиль смогли призывать Его имя.

Бог замыслил еще один дивный план – взращивание человечества. Этот план сначала осуществился через избранный народ, а теперь применим ко всему человечеству. Во время благоугодное Бог послал в Израиль Своего Сына не только как Мессию для народа Израиля, но как Мессию всего человечества.

Люди, говорящие от имени Господа

В ходе истории развития человечества Израиль всегда занимал центральное место в исполнении Божьего замысла. Бог являл Себя отцам веры, давал им обетования и исполнял обещанное. Он также сказал народу, что из колена Иуды, из дома Давида придет Мессия, Который спасет все народы земли.

На этом основании Израиль ожидал обетованного ему в Ветхом Завете Мессию. Этот Мессия – Иисус Христос. Иудаизм не признает Иисуса, являющегося, согласно христианству, Сыном Бога, Мессией. Последователи иудейского вероисповедания все еще ожидают прихода Мессии. Но Мессия, Которого ждут в Израиле, – это Тот же Мессия, о Ком говорится в этой главе.

Что народ говорит об Иисусе Христе? Изучение их свидетельств, пророчеств о Мессии и их исполнение, а также признаки Мессии только подтверждают факт того, что Мессия, Которого так давно ждут, есть никто иной как Иисус Христос.

Апостол Павел: гонитель ранней церкви становится благовестником для язычников

Родившийся приблизительно 2000 лет назад в Тарсе, городе Кликия современной Турции, Павел был известен до своего обращения как Савл. Он был евреем из колена Вениамина, поэтому на восьмой день его обрезали, посвятив Богу. Согласно праведности закона, Савл был безупречен. Он получил образование у Гамалиила, уважаемого в народе учителя закона. По закону своих отцов, имея римское гражданство, самого могущественного государства древнего мира, Савл занимал место среди преуспевающих и образованных людей из хорошей семьи, с достойной родословной, с хорошими связями и положением.

Савл из глубокой любви к Богу ревностно преследовал верующих в Иисуса Христа. В то время утверждение христиан, что распятый Иисус был Сыном Бога и Спасителем, что Он был погребен, но воскрес, приравнивалось к хуле на Святого Бога.

Савл тоже разделял мнение, что христиане представляли угрозу вере фарисеев, которую он страстно желал защитить. По этой причине Савл жестоко преследовал и арестовывал верующих в Христа, уничтожал церкви.

Он заключал верующих в темницы, настаивал на вынесении им смертных приговоров. Он наказывал верующих в синагогах, вынуждал их хулить Иисуса Христа, преследовал их даже за пределами страны.

Потом Савл пережил значительное событие, перевернувшее всю его жизнь. По дороге в Дамаск он вдруг увидел яркий свет с неба.

«Савл, Савл! что ты гонишь Меня?
Кто Ты, Господи?
Я Иисус, Которого ты гонишь!»

После этого Савла за руку отвели в дом Иуды в Дамаске, где он, ослепший, провел три дня без еды и питья. Тогда Господь явился во сне ученику по имени Анания.

«...Встань и пойди на улицу, так называемую Прямую, и спроси в Иудином доме Тарсянина, по имени Савла; он теперь молится, и видел в видении мужа, именем Ананию, пришедшего к нему и возложившего на него руку, чтобы он прозрел. Анания отвечал: Господи! я слышал от многих о сем человеке, сколько зла сделал он святым Твоим в Иерусалиме; и здесь имеет от первосвященников власть вязать всех, призывающих имя Твое. Но Господь сказал ему: иди, ибо он есть Мой избранный сосуд, чтобы возвещать имя Мое перед народами и царями и сынами Израилевыми. И Я покажу ему, сколько он должен пострадать за имя Мое» (Деяния 9:11-16).

Когда Анания возложил руки и помолился над Савлом, тот почувствовал, что что-то подобное чешуе, упало с глаз, и к нему вернулось зрение.

Встретившись с Господом, Савл осознал свои грехи и изменил свое имя на Павел, что означает «маленький». С этого момента Павел смело проповедовал язычникам о живом Боге, провозглашал Евангелие Иисуса Христа.

> *«Возвещаю вам, братия, что Евангелие, которое я благовествовал, не есть человеческое, ибо и я принял его и научился не от человека, но через откровение Иисуса Христа. Вы слышали о моем прежнем образе жизни в Иудействе, что я жестоко гнал Церковь Божию, и опустошал ее, и преуспевал в Иудействе более многих сверстников в роде моем, будучи неумеренным ревнителем отеческих моих преданий. Когда же Бог, избравший меня от утробы матери моей и призвавший благодатью Своею, благоволил открыть во мне Сына Своего, чтобы я благовествовал Его язычникам, – я не стал тогда же советоваться с плотью и кровью, и не пошел в Иерусалим к предшествовавшим мне Апостолам, а пошел в Аравию, и опять возвратился в Дамаск» (Галатам:11-17).*

После встречи с Господом, начав благовествовать, Павел столкнулся со многими скорбями и гонениями, о которых трудно рассказать словами. Его многократно жестоко били, притесняли, заключали в темницу, ему часто грозила смерть, он переносил голод и жажду, проводил ночи без сна, не имея крова. Его положение, образование, авторитет и способности позволяли ему вести беззаботную жизнь в довольстве и процветании, но он все отдал, от всего отказался ради Господа.

«Ибо я наименьший из Апостолов, и недостоин называться Апостолом, потому что гнал церковь Божию. Но благодатию Божиею есмь то, что есмь; и благодать Его во мне не была тщетна, но я более всех их потрудился: не я, впрочем, а благодать Божия, которая со мною» (1Коринфянам.15:9,10).

Павел смело исповедовал свою веру, потому что лично встретился с Господом. Бог не только явился ему по дороге в Дамаск, Он поддерживал его служение проявлением чудесной силы.

Бог творил невероятные чудеса руками Павла. Носовые платки и опоясники, к которым он касался, имели силу исцелять больных. Больные исцелялись не только от своих болезней, их покидали злые духи. Павел вернул к жизни молодого человека по имени Евтихий, упавшего с подоконника третьего этажа. Воскрешение человека к жизни относится к таким сферам, которые доступны только Самому Богу.

В Ветхом Завете нам повествуется о том, что пророк Илия, находясь в доме вдовы из Сарепты, вернул к жизни умершего сына этой женщины, а пророк Елисей воскресил сына известной сонамитянки. Как сказал псалмопевец, «однажды сказал Бог, и дважды слышал я это, что сила у Бога» (61:12), Божья сила дается Его людям.

Во время трех миссионерских путешествий Павел заложил основы для проповеди Евангелия до Самарии, и самой отдаленной части земли; он основал много церквей в Малой Азии и Греции. Так открылась возможность провозглашения Евангелия Иисуса Христа во всех уголках земли и был показан путь спасения несметному числу душ.

Петр являет великую силу и спасает многие души

Что можно сказать о Петре, возглавившем благовестие евреям? Рыбак Петр после того, как его позвал за собой Господь Иисус, стал одним из его лучших учеников, свидетельствовавший о великих делах Иисуса, которые он видел воочию.

Он видел, что содеянное Иисусом не было подвластно ни одному из людей. Он давал зрение слепым, слух глухим, давал возможность хромым ходить, воскрешал к жизни мертвых. Он видел, какие добрые дела делал Иисус, как исправлял человеческие пороки и преступления. Глядя на Иисуса, Петр уверовал в то, что Тот действительно сошел от Бога.

«Вы за кого почитаете Меня?
За Христа, Сына Бога живого!»

Потом с Петром произошло невероятное, он смог произнести свое исповедание. В ночь, когда Иисуса схватили для того, чтобы распять для исполнения

Божьего замысла, Петр, который признался Иисусу, что даже, если все оставят Его, он никогда не оставит, трижды отрекся от Него, испугавшись за свою жизнь.

После воскресения и вознесения Иисуса Петр получил Святого Духа и чудесным образом преобразился. Когда он, перестав бояться смерти, решил посвятить свою жизнь проповеди Евангелия, 3000 человек покаялись и крестились только за один день. Стоя перед иудейскими вождями, угрожавшими ему смертью, он свидетельствовал об Иисусе Христе, единственном Спасителе.

«Петр же сказал им: покайтесь, и да крестится каждый из вас во имя Иисуса Христа для прощения грехов; и получите дар Святаго Духа. Ибо вам принадлежит обетование и детям вашим и всем дальним, кого ни призовет Господь Бог наш» (Деяния 2:38,39).

«Он есть камень, пренебреженный вами зиждущими, но сделавшийся главою угла, и нет ни в ком ином спасения, ибо нет другого имени под небом, данного человекам, которым надлежало бы нам спастись» (Деяния 4:11,12).

Петр являл силу Божью, творя чудеса и знамения. В Лидде Петр исцелил человека, бывшего парализованным восемь лет, в соседней Иоппии он оживил Тавифу. Петр исцелял хромых, больных различными болезнями, изгонял бесов.

Божья сила сопутствовала Петру в такой степени, что больные исцелялись, если на них падала тень проходившего мимо Петра (Деяния 5:15).

Давая Петру видения, Бог открыл ему, что язычникам тоже надо показать путь спасения. Однажды Петр, молившись на крыше дома, проголодался и решил поесть. Пока готовилась пища, Петр впал в транс и увидел открытое небо, с которого спускался сосуд в виде большого полотна, на котором он увидел различных животных и птиц (Деяния 10:9-12). Петр услышал голос:

«Встань, Петр, заколи и ешь» (стих 13).
«Но Петр сказал: нет, Господи, я никогда не ел ничего скверного или нечистого» (стих 14).
«Что Бог очистил, того ты не почитай нечистым» (стих 15).

После того, как это повторилось три раза, сосуд опять скрылся в небе. Петр не мог понять, зачем Богу заставлять его есть то, что запрещено в пищу и считалось нечистым по закону Моисея. Пока Петр размышлял над тем, что ему показал Бог, Святой Дух сказал ему: *«Вот, три человека ищут тебя; встань, сойди и иди с ними, нимало не сомневаясь; ибо Я послал их» (Деяния 10:19-20).*

Мужчины пришли от имени язычника Корнилия, пославшего их пригласить Петра к себе в дом. Этим видением Бог дал знать Петру, что Он желает явить Свою милость даже язычникам и позволить Евангелию нашего

Господа быть проповеданному и им тоже.

Из благодарности к Господу, доверившему ему такую миссию и сделавшего его Своим апостолом, невзирая на отречение, Петр привел многочисленные души к спасению, прожил поистине достойную жизнь и умер мученической смертью.

Апостол Иоанн записывает Откровения нашего Господа о событиях, которые должны произойти в последние дни

Иисус призвал Иоанна, когда тот был рыбаком в Галилее. С тех пор этот ученик был всегда рядом с Ним и видел многочисленные чудеса и знамения, которые творил Господь. Иоанн видел, как Иисус превратил воду в вино на свадьбе в Кане Галилейской, как Он исцелил человека, 38 лет страдавшего от болезни, как Он исцелил несчетное число душ, изгонял бесов и открывал глаза незрячим. Иоанн также был свидетелем того, как Иисус шел по воде, воскресил к жизни Лазаря, находившегося в гробе уже четыре дня.

Иоанн был с Иисусом во время преображения Господа, когда лицо Его изменилось и сияло, как солнце, а одежды сделались белыми, как свет, и Он разговаривал с Моисеем и Илией на вершине Горы Преображения. Перед тем, как Иисус испустил дух на кресте, Он сказал, обращаясь к этому ученику и Марии:

«Жено! се, сын Твой».

Пробудись, Израиль!

«Се, Матерь твоя».

Этими словами Иисус в физическом смысле успокаивал Марию, выносившую его и давшую Ему рождение, а в духовном плане Он заявил всему человечеству, что отныне все верующие в Него становятся братьями, сестрами и матерями.

Иисус никогда не называл Марию словом «мать». Сын Божий Иисус Сам является Богом, у Него не может быть матери. Он сказал Иоанну: «Се, Матерь твоя», – для того, чтобы тот начал о ней заботиться как о своей матери.

С того часа Иоанн взял ее в свой дом, а после воскресения и вознесения Иисуса он прилежно проповедовал Евангелие вместе с другими апостолами, несмотря на то, что это ставило его жизнь под угрозу. Так основалась ранняя церковь, вместе с ее основанием начались постоянные гонения апостолов.

По преданию в годы правления императора Домициана апостола Иоанна допрашивали и жестоко пытали, опустив в котел с кипящим маслом. Божьей милостью он выжил, после чего его отправили в ссылку на греческий остров Патмос в Средиземном море. Там Иоанн общался с Богом и по вдохновению Святого Духа получил в видениях откровения Иисуса Христа, которые записал в книгу.

«Откровение Иисуса Христа, которое дал Ему Бог, чтобы показать рабам Своим, чему надлежит быть вскоре. И Он показал, послав

оное через Ангела Своего рабу Своему Иоанну»
(Откровение 1:1).

Откровением Святого Духа апостол Иоанн в деталях описал все, что должно произойти в последние дни, чтобы все приняли Иисуса Христа своим Спасителем и подготовились к приходу Царя царей и Господа господствующих.

Члены ранней церкви крепко держатся за веру

После смерти на кресте и воскресения Иисус пообещал ученикам вернуться так же, как Он вознесся на небеса.

Многочисленные свидетели воскресения Иисуса и Его вознесения поверили, что они тоже воскреснут и перестали бояться смерти. Благодаря этому они сумели изменить свои жизни, стать Его свидетелями, смотреть в лицо опасности, не бояться гонений со стороны правителей, что часто стоило им жизни.

Ученики Иисуса и многие, узнавшие Его и служившие Ему, были брошены на растерзание хищникам на арене римского Колизея, их обезглавливали, распинали, сжигали заживо, но они все крепко держались за свою веру в Иисуса Христа.

С ужесточением преследований члены ранней церкви начали прятаться в римских катакомбах, так называемых «подземных кладбищах». Жизнь их была невыносимой, создавалось впечатление, что они уже умерли. Но в своей горячей любви к Господу они не замечали невзгод, не жаловались на лишения и бедствия, обрушившиеся на них.

Прежде, чем христианство было официально признано в Риме, христиане подвергались жестокому преследованию. Говорят, что ночь темнеет ближе к рассвету, гонения на христиан приняли форму тотального уничтожения: их лишали гражданства, Библии и церкви сжигались, служителей арестовывали, подвергали мучительным пытками и казням.

Поликарп, преданный служитель смирнинской церкви в Малой Азии, лично знал апостола Иоанна. Когда по приказу римских властей его арестовали, он не отрекся от своей веры. Ему предлагали отречься и проклясть Христа. Но Поликарп сказал, что в течение 86 лет он служил Господу, что Он не сделал ему ничего худого, и он не может сказать хулу на Царя, давшего ему спасение.

Епископ Смирны Поликарп умер как мученик, заколотый мечом, после того, как все попытки сжечь его заживо не увенчались успехом. Вера Поликарпа не иссякла. Перед смертью многие мученики признавались, что видели Самого Христа, висящим на древе, видели страдания Господа, поэтому их собственная смерть не пугала их.

«Мужи Израильские! подумайте сами с собою о людях сих, что вам с ними делать. Ибо незадолго перед сим явился Февда, выдавая себя за кого-то

великого, и к нему пристало около четырехсот человек; но он был убит, и все, которые слушались его, рассеялись и исчезли. После него во время переписи явился Иуда Галилеянин и увлек за собою довольно народа; но он погиб, и все, которые слушались его, рассыпались. И ныне, говорю вам, отстаньте от людей сих и оставьте их; ибо если это предприятие и это дело – от человеков, то оно разрушится, а если от Бога, то вы не можете разрушить его; берегитесь, чтобы вам не оказаться и богопротивниками» (Деяния 5:35-39).

Как увещевал и напоминал фарисей Гамалиил народу Израиля, Евангелие Иисуса Христа, посеянное Самим Богом, нельзя разрушить. Наконец, в 313 году император Константин признал христианство официальной религией империи и Евангелие Иисуса Христа начало провозглашаться во всем мире.

Свидетельство о Господе в отчете Пилата

Среди исторических документов времен Римской империи есть письмо Понтия Пилата, прокуратора римской провинции Иудеи императору, в котором сообщается о воскресении Иисуса.

Ниже приводится отрывок из послания Пилата цезарю о событии воскресения Иисуса Христа. Рукопись называется «Отчет Пилата цезарю об аресте, суде и распятии Иисуса», она хранится в музее, созданном на базе ранней церкви, а позднее мечети Святой Софии в Стамбуле, Турции.

«Через несколько дней после того, как склеп был обнаружен пустым, Его ученики провозгласили по всей стране, что Иисус воскрес из мертвых, как Он и предсказывал. Это вызвало больше волнений, чем Его распятие. По правде говоря, я не могу ничего утверждать точно, но я провел необходимые расследования этого вопроса; вы можете судить сами и сделать свой вывод, ошибочно ли то, что представил Ирод.

Иосиф похоронил Иисуса в принадлежащем ему склепе. Ожидалось ли, что произойдет Его воскресение или таковое планировалось, сказать точно не могу. На другой день после погребения один из священников пришел в преторию и сказал, что есть опасения, что ученики намереваются украсть тело Иисуса и спрятать Его, дабы потом заявить о Его воскресении по Его собственному предсказанию, в котором они совершенно убеждены.

Я направил его к капитану стражи (Малкусу), чтобы тот взял воинов из числа иудеев и расставил посты вокруг склепа, чтобы охранять все подходы к нему. Случись что, они не смогли бы обвинять в этом римлян.

Когда поднялся шум и началось волнение из-за

того, что гробница была пуста, я почувствовал еще большую озабоченность. Я послал за человеком, который в подробностях рассказал мне обо всем, что там происходило. Он видел мягкий красивый свет над склепом. Сначала он думал, что это пришли женщины, чтобы бальзамировать тело, исполняя традиции своего народа. Но он не мог понять, как они прошли мимо охраны. Пока он рассуждал об этом, он вдруг сообразил, что место было освещено и вокруг стояли толпы мертвых в погребальных саванах.

Все кричали и восклицали в исступлении, отовсюду доносилась прекрасная музыка и, казалось, сама атмосфера наполнилась голосами, прославляющими Бога. Почва под ногами кружилась и плыла, ему показалось, что его шатает из стороны в сторону и он вот-вот лишится чувств, ему было трудно удержаться на ногах. На основании его слов я делаю вывод, что он, потеряв сознание, не мог видеть, что происходило на самом деле».

Мы читаем в Евангелии от Матфея 27:51-53 «И вот, завеса в храме раздралась надвое, сверху донизу; и земля потряслась; и камни расселись; и гробы отверзлись; и многие тела усопших святых воскресли и, выйдя из гробов по воскресении Его, вошли во святый град и явились многим». Стража, поставленная римлянами, засвидетельствовала то же самое.

Записав показания воинов охраны, ставших

очевидцами духовного феномена, Пилат пишет в конце отчета: «Я почти готов признать следом за Малкусом, сказавшим у креста: 'Воистину это сын Божий'».

Многочисленные свидетели

Свидетели Господа жили не только во времена Иисуса. По Его Слову: «И если чего попросите у Отца во имя Мое, то сделаю, да прославится Отец в Сыне», – многие свидетели получали Божьи ответы на свои молитвы после – гораздо позже воскресения и вознесения Иисуса.

«Но вы примете силу, когда сойдет на вас Дух Святый; и будете Мне свидетелями в Иерусалиме и во всей Иудее и Самарии и даже до края земли» (Деяния 1:8).

Я уверовал в Бога после того, как исцелился Божьей силой от всех своих болезней, когда современная медицина оказалась бессильной. С тех пор я помазан на служение Господу. Я проповедую Евангелие и творю чудеса и знамения для всех народов.

Божьи дети, имеющие Святого Духа, имеют и Его силу; они посвящают себя проповеди Евангелия. Евангелие распространяется по всему миру и бесчисленное множество людей сегодня во всем мире встречается с живым Богом и принимает Иисуса Христа.

«И сказал им: идите по всему миру и проповедуйте

Евангелие всей твари.

Кто будет веровать и креститься, спасен будет; а кто не будет веровать, осужден будет. Уверовавших же будут сопровождать сии знамения: именем Моим будут изгонять бесов; будут говорить новыми языками; будут брать змей; и если что смертоносное выпьют, не повредит им; возложат руки на больных, и они будут здоровы» (Марка 16:15-18).

Церковь Гроба Господня на Голгофе в Иерусалиме

Глава 2

Божий Мессия

Бог обещает Мессию

В результате нападений со стороны таких держав, как Персия и Рим, Израиль полностью потерял политическую независимость. Однако через Своих пророков Господь многократно обещал избранному народу воцарение в Израиле Мессии. Все надежды униженных израильтян были направлены на пришествие обетованного Богом Спасителя.

«Ибо младенец родился нам – Сын дан нам; владычество на раменах Его, и нарекут имя Ему: Чудный, Советник, Бог крепкий, Отец вечности, Князь мира. Умножению владычества Его и мира нет предела на престоле Давида и в царстве его, чтобы Ему утвердить его и укрепить его судом и правдою отныне и до века. Ревность Господа Саваофа соделает это» (Исаия 9:6-7).

«Вот, наступают дни, говорит Господь, и восставлю Давиду Отрасль праведную, и воцарится Царь, и будет поступать мудро, и будет производить суд и правду на земле. Во дни Его Иуда спасется и Израиль будет жить безопасно; и вот имя Его, которым будут

называть Его: "Господь оправдание наше!"»
(Иеремия 23:5-6).

«Ликуй от радости, дщерь Сиона, торжествуй, дщерь Иерусалима: се Царь твой грядет к тебе, праведный и спасающий, кроткий, сидящий на ослице и на молодом осле, сыне подъяремной. Тогда истреблю колесницы у Ефрема и коней в Иерусалиме, и сокрушен будет бранный лук; и Он возвестит мир народам, и владычество Его будет от моря до моря и от реки до концов земли» (Захария 9:9-10).

Народ Израилев постоянно ожидал Мессию и продолжает ожидать Его и поныне. Что же откладывает пришествие Мессии, Который был уготован Израилю? Многие иудеи страстно желают получить ответ на этот вопрос, даже не догадываясь о том, что Спаситель уже явил Себя людям.

Иисус Христос претерпел муки, исполнив пророчества Исаии

Мессия, обещанный Богом народу Израилеву, – это Иисус Христос. Он родился в Вифлееме иудейском немногим более двух тысяч лет тому назад и в отмеренный час умер на кресте, воскрес и открыл пусть спасения всему человечеству. Вместе с тем, иудеи, жившие во времена Иисуса, отвергли столь ревностно ожидаемого Мессию, ведь Христос не имел ничего общего с образом Того Мессии, Которого желали они.

Измможденные длительным периодом колониального владычества, иудеи хотели видеть могущественного Мессию, вождя, Который бы избавил их от иностранного ига. Они думали, что Мессия придет в качестве Царя Иудейского, положит конец войнам, преследованиям и угнетению, дарует им настоящий мир и прославит среди всех народов.

Однако Иисус пришел в этот мир не в славе и величии царя, а как сын скромного плотника. И пришел Он отнюдь не для того, чтобы низвергнуть римское владычество и восстановить былую славу Израиля. Хотя Иисус – Сын Божий, Он пришел в этот мир, чтобы вновь сделать людей истинными детьми Божьими, которым иначе, как приемникам адамова греха непослушания, была бы уготована вечная погибель.

По этим причинам иудеи не признали Иисуса в качестве Мессии, Которого они ожидали, и распяли на кресте. Если же мы пристально взглянем на библейский образ Христа, это только подтвердит, что Мессией был и, конечно же, является только Иисус.

«Ибо Он взошел пред Ним, как отпрыск и как росток из сухой земли; нет в Нем ни вида, ни величия; и мы видели Его, и не было в Нем вида, который привлекал бы нас к Нему. Он был презрен и умален пред людьми, муж скорбей и изведавший болезни, и мы отвращали от Него

лице свое; Он был презираем, и мы ни во что ставили Его» (Исаия 53:2-3).

Господь уже говорил израильтянам, что Мессия, грядущий Царь Иудейский, не будет обладать «привлекательным видом», но будет «презрен и умален пред людьми». Несмотря на пророчества, народ Израилев не сумел признать обетованного Богом Спасителя.

Презрел и оставил Его богоизбранный народ, израильтяне, и был поставлен Иисус Христос над всеми народами, став Спасителем людей, которым нет уже числа.

Как говорит псалмопевец, *«камень, который отвергли строители, соделался главою угла: это – от Господа, и есть дивно в очах наших» (Псалтирь 117:22-23).* Божий план спасения человечества был воплощен через Иисуса, не принятого Израилем.

Таким образом, несмотря на то, что Иисус не обладал видом Мессии, на Которого уповал народ Израилев, мы однозначно можем понять, что именно Он является тем Мессией, о Котором Господь говорил через Своих пророков.

Слова Божьего обетования о Мессии, славе, мире и восстановлении достоинства относятся к духовной сфере, а обещанный Мессия является духовным Мессией. Даже Иисус говорил: *«Царство мое не от мира сего» (Иоанна 18:36).*

Мессия Божьих пророчеств не был царем мирской

власти и славы. Мессия явился не ради богатства, репутации и тщеты детей Божиих в недолговечной юдоли слез, но ради духовного спасения народа Божия, чтобы они обрели радость и честь не только в этой мимолетной жизни, но и в вечности, в Царстве Небесном.

«И будет в тот день: к корню Иессееву, который станет, как знамя для народов, обратятся язычники, – и покой его будет слава» (Исайя 11:10).

Более того, Мессия обетован не только народу избранному, израильтянам. Мессия пришел как Спаситель все народов Земли во исполнение спасения всех тех, кто с верою принял Завет Божий, следуя стопами отца веры – Авраама.

Необходимость в Мессии для всего человечества

Почему существует нужда во Спасителе не только народа Израилева, но и всех людей на Земле?

В книге Бытия 1:28 Господь благословляет Адама и Еву, говоря им: *«Плодитесь и размножайтесь, и наполняйте землю, и обладайте ею, и владычествуйте над рыбами морскими [и над зверями,] и над птицами небесными, [и над всяким скотом, и над всею землею,] и над всяким животным, пресмыкающимся по земле».*

Создав первочеловека Адама и соделав его господином

сотворенного мира, Бог наделил человека правом «владычествовать» и «обладать» Землей. После того, как Адам, вопреки наставлению Божию, вкусил плод от древа познания добра и зла, совершив тем самым грех непослушания и поддавшись искушению подстрекаемого сатаной змея, человек был лишен такой власти.

Когда они следовали праведному Слову Божию и были рабами праведности, Адам и Ева обладали властью, данной им Богом; но, совершив свой грех, они сделали себя рабами греха, рабами лукавого, и были вынуждены лишиться данной им власти (Римлянам 6:16). Таким образом, вся власть, которой Бог наделил Адама, оказалась в руках врага.

В четвертой главе Евангелия от Луки описано, как лукавый трижды искушал Иисуса, только что завершившего сорокадневный пост. Пред очами Христа предстали все царства мира сего, после чего дьявол сказал Ему: *Тебе дам власть над всеми сими царствами и славу их, ибо она предана мне, и я, кому хочу, даю ее; итак, если Ты поклонишься мне, то всё будет Твое» (Луки 4:6-7)*. Дьявол подразумевает, что «власть и слава» были «переданы» ему Адамом, поэтому сам он может передать их любому по своему усмотрению.

Да, Адам отдал всю дарованною свыше власть лукавому и стал его рабом. Более того, совершая грех за грехом, закабаляясь дьяволом, Адам встал на путь погибели, являющийся возмездием за грех. Это проклятие не остановилось на Адаме, а перешло на всех его потомков, унаследовавших первородный адамов грех; они также оказались подвластны греху, подчинены врагу -дьяволу, сатане, ведущему их по пути погибели.

Все это свидетельствует о необходимости вмешательства Мессии, Спасителя не только избранных, но и народов всего мира, от власти врага, дьявола и сатаны, переданной ему Адамом.

Признаки Мессии

Подобно тому, как в этом мире существуют законы, в духовной сфере также имеются свои правила. На основании духовного закона созданный Богом человек будет либо осужден на смерть, либо получит прощение грехов и спасение. Какими признаками должен обладать Мессия, дабы избавить от законного воздаяния человечество, идущее к погибели?

Условие соответствия Мессии этой задаче можно найти в «законе выкупа земли», данном Богом избранному народу.

«Землю не должно продавать навсегда, ибо Моя земля: вы пришельцы и поселенцы у Меня; по всей земле владения вашего дозволяйте выкуп земли. Если брат твой обеднеет и продаст от владения своего, то придет близкий его родственник и выкупит проданное братом его» (Левит 25:23-25).

«Закон выкупа земли» содержит тайну о признаках Мессии

Израильтяне, избранный Богом народ, жили по Его

закону. Поэтому даже при покупке или продаже земли они строго руководствовались библейским законом выкупа. В отличие от юридической практики в других странах, иудейское право однозначно запрещало продавать землю в вечное пользование и позволяло ее последующий выкуп. Состоятельный родственник мог выкупить земельный участок в интересах члена своей семьи. Если первоначальный собственник не имел таких родственников, но все же собрал достаточно средств для выкупа земли, закон гарантировал возможность выкупа.

Однако каким образом «закон выкупа земли», имеющийся в книге Левит, связан с признаками Мессии? Чтобы понять это, мы должны вспомнить, что согласно Священному Писанию человек был создан из праха земли. В книге Бытия 3:19 Господь говорит Адаму: *«В поте лица твоего будешь есть хлеб, доколе не возвратишься в землю, из которой ты взят, ибо прах ты и в прах возвратишься»*. И затем в стихе 23: *«И выслал его Господь Бог из сада Едемского, чтобы возделывать землю, из которой он взят»*.

Бог сказал Адаму, что тот есть «прах», и «земля» в духовном плане обозначает, что человек сотворен из праха земли. Таким образом, закон выкупа, касающийся купли и продажи земли, непосредственно связан с духовной сферой и, следовательно, с промыслом спасения человечества.

Согласно «закону выкупа земли», так как Бог

владеет всей землей, то человек не вправе продавать ее на неограниченное время. Так же и власть, которую Адам получит от Бога, первоначально принадлежала Богу, и поэтому никакой человек не может продать ее навсегда. Если некто потерял свое состояние и продал принадлежащую ему землю, она все же может быть возвращена способным на это потомком. Схожим образом враг-дьявол был вынужден вернуть власть, переданную ему Адамом, когда появился способный к совершению выкупа.

Основываясь на «законе выкупа земли», Господь любви и справедливости подготовил того, кто смог выкупить власть, потерянную Адамом. Им был Мессия, Иисус Христос, Сын Божий, уготованный предвечно.

Признаки Мессии и соответствие им Иисуса Христа

Давайте рассмотрим, почему Иисус Христос является Спасителем всего человечества в соответствии с «законом выкупа земли».

Во-первых, подобно тому, как тот, кто выкупает землю, должен быть родственником продавшего ее, Спаситель избавляет человечество от грехов, будучи сам человеком. Как сказано в Левите 25:25, *«если брат твой обеднеет и продаст от владения своего, то придет близкий его родственник и выкупит проданное братом его»*. Если некто не в состоянии более владеть землей, ее может выкупить ближайший родственник. Так же и возвращение власти, отданной Адамом врагу-дьяволу, должно быть совершено человеком, «близким родственником» Адама.

Согласно 1-му Посланию Коринфянам 15:21, *«ибо, как смерть через человека, так через человека и воскресение мертвых»*. Библия утверждает, что грехи людские могут быть искуплены не ангелами или небесными силами, а только человеком.

Спасение человечества, вступившего на путь погибели по причине греха первочеловека Адама, находится в руках человека же, то есть «близкого родственника» Адама.

Иисус обладал божественной природой Сына Божия, равно как и человеческой природой; Он родился от женщины, дабы искупить наши грехи (Иоанна 1:14), и, как и все люди, был подвержен взрослению и старению. Будучи Человеком, Иисус испытывал усталость, голод и жажду, радость и страдание. Претерпевая крестные муки, Иисус истекал кровью и чувствовал физическую боль.

Даже в историческом контексте имеются неопровержимые доказательства человеческой природы Иисуса. Пришествие Иисуса в этот мир разделяет историю на две эры – «до Рождества Христова», то есть до Его рождения, и «после Рождества Христова», то есть весь последующий период.

Подобные факты свидетельствуют о том, что Иисус

пришел в этот мир как человек. Хотя и являясь Сыном Божиим, Иисус удовлетворяет первейшему требованию к Спасителю, так как Он родился, как человек.

Во-вторых, подобно тому, как тот, кто выкупает землю, не может совершить выкуп, если не обладает достаточным состоянием, Спаситель всего человечества не может быть потомком Адама-грешника.

Если брат желает оплатить долг своей сестры, то сам он не может быть должником, следовательно, искупление греха требует безгрешности. Если искупитель греховен, то он является рабом греха. Как же тогда он может искупить грех других людей?

После того, как Адам совершил грех непослушания, оно перешло на смертных в форме первородного греха. Потому никто из потомков Адама не может быть Спасителем.

По плоти Иисус является потомком Давида и своих родителей – Иосифа и Марии. Однако Евангелие от Матфея 1:20 говорит: *«Иосиф, сын Давидов! не бойся принять Марию, жену твою, ибо родившееся в Ней есть от Духа Святаго».*

Причина унаследования человеком первородного греха имеет также биологическую основу и связана с наследованием генетических характеристик в результате оплодотворения яйцеклетки. Следует при этом помнить, что Иисус не был зачат Марией от Иосифа, а родился силою Духа Святого. Всемогущий Господь сотворил это чудо с помощью Своего Духа, а не в результате биологического механизма.

Иисус попросту был выношен во чреве Девы Марии. Так как Иисус был зачат силою Святого Духа, то Он и не унаследовал характеристики грешников. Не являясь потомком прародителя Адама и не наследуя первородный грех, Христос соответствует второму признаку Спасителя.

В-третьих, подобно тому, как тот, кто выкупает землю, должен быть платежеспособным, Спаситель человечества должен быть в силах победить врага-дьявола.

Книга Левит 25:26-27 говорит нам: «*Если же некому за него [за родственника] выкупить, но сам он будет иметь достаток и найдет, сколько нужно на выкуп, то пусть он расчислит годы продажи своей и возвратит остальное тому, кому он продал, и вступит опять во владение свое*». Иными словами, чтобы совершить выкуп земли, надо обладать достаточными для этого средствами.

Чтобы вызволить военнопленных, необходима военная сила, способная победить неприятеля; чтобы оплатить чужой долг, самому надобно не числиться в должниках. Так же избавление человечества от власти лукавого требует от Спасителя силы, способной его сокрушить.

До того, как Адам совершил свой грех, он обладал властью управлять сотворенным миром; после грехопадения Адам стал вассалом врага-дьявола. Отсюда мы можем заключить, что Христова способность сокрушить лукавого проистекает, в духовном плане, из безгрешности Богочеловека, ведь Сын Божий Иисус был абсолютно безгрешен. Зачатый от Духа Святого, не являясь потомком Адама-грешника, Иисус был свободен от первородного греха. Более того, он неукоснительно следовал Закону Божию на протяжении всей жизни, не совершив ни единого проступка. Поэтому апостол Петр так говорит о Христе: *«Он не сделал никакого греха, и не было лести в устах Его. Будучи злословим, Он не злословил взаимно; страдая, не угрожал, но предавал то Судии Праведному»* (1 Петра 2:22-23).

Безгрешный Иисус мог победить врага-дьявола и обладал способностью спасти человечество, чему свидетельством бесчисленные проявления Его силы. Иисус изгонял бесов, исцелял слепых, глухих и больных; Иисус даже усмирил бушующее море, не говоря уже о воскрешении мертвых.

Безгрешность Иисуса, вне всяких сомнений, была подтверждена Его воскресением. Согласно духовному закону, наказанием за грех служит смерть (Римлянам 6:23). Не являясь грешником, Иисус был неподвластен смерти, и, совершив свой последний вздох на кресте, Он затем был погребен и воскрес на третий день.

Будем помнить, что такие величайшие мужи веры, как Енох и Илия, освященные безгрешием, были вознесены на небо при жизни. Также воскреснув в третий день после последнего вздоха на кресте, Иисус поколебал власть врага, дьявола и сатаны, воскресением и стал Спасителем всех людей.

В-четвертых, подобно тому, как тот, кто выкупает

землю, должен любить своих родственников, Спаситель должен обладать любовью, благодаря которой Он отдает жизнь за других.

Даже если Спаситель соответствует вышеперечисленным трем признакам, но не обладает любовью, Он не может спасти человечество. Допустим, что у брата долг в 100 тыс. долларов, а его сестра – мультимиллионер. Без любви к брату сестра не оплатит его долг, а ее огромное состояние не будет значить для брата ничего.

Иисус вошел в этот мир Человеком, но не потомком Адама, и обладал силой победить грех. И все же без любви Иисус не смог бы искупить человечество, потому что это деяние значит смертное воздаяние за грехи людские. Спасение человечества Иисусом потребовало от Него совершить колоссальную жертву, претерпеть распятие на кресте, подобно величайшим грешникам на земле, пострадать от унижений и издевательств, пролить кровь до последней капли. Но во имя любви к человечеству Иисус пошел на крестные муки, дабы полностью искупить грехи людские.

Почему же именно смерть на кресте была тем наказанием, которое принял Иисус? Как говорит нам Второзаконие 21:23, *«проклят пред Богом [всякий] повешенный [на дереве]»*, а по духовному закону, «воздаяние за грех есть смерть». Иисус был распят на кресте, то есть «повешен на дереве», чтобы искупить грехи всего человечества, на которые обрекла людей их природа.

Более того, Левит 17:11 утверждает: *«Душа тела в крови, и Я назначил ее вам для жертвенника, чтобы очищать души ваши, ибо кровь сия душу очищает».* Нет прощения грехов без пролития крови.

Конечно, мука могла использоваться в жертвоприношении Богу вместо крови животных. Но это позволялось лишь тем, кто не мог позволить себе купить жертвенное животное, и она была менее угодна Богу. Иисус искупил наши грехи Своей смертью на кресте и Собственной кровью. Велика и чудесна любовь Христова к людям, любовь, которая исцеляет болезни, побеждает грех и ведет ко спасению даже тех людей, которые собственноручно распяли Его – праведника – на кресте!

Итак, основываясь на «законе о выкупе земли», мы можем заключить, что лишь Иисус Христос соответствует признакам Спасителя и может искупить грехи людей.

Путь спасения человечества, уготованный до начала времен

Путь спасения человечества открылся, когда Иисус умер на кресте и воскрес в третий день, победив смерть. Пришествие Иисуса в этот мир в качестве Мессии и исполнение обета спасения человечества были предвидены в момент грехопадения Адама, когда пришествие Спасителя стало необходимым.

В книге Бытия 3:15 Господь сказал змею, искусившему женщину: *«Вражду положу между тобою и между женою, и между семенем твоим и между семенем ее; оно будет поражать тебя в голову, а ты будешь жалить его в пяту».* Здесь «жена» символически толкуется как народ избранный, Израиль, а «змей» означает врага, дьявола и сатану, противостоящего Богу.

Со временем среди потомков «жены», иудеев, явит Себя Спаситель мира, Который «поразит [змея] в голову». Змей становится бессильным, если его поразить в голову, и тем самым Бог сказал ему и потомкам женщины, что Христос уничтожит власть врага, дьявола и сатаны, и сделает возможным спасение грешников.

Памятуя об этом, враг, дьявол и сатана, искал способ истребить «семя», то есть потомство «жены», до того, как сам будет побежден. Таким образом он пытался установить полученную от непослушного Адама власть навечно. Враг-дьявол не знал, однако, кто будет этим «семенем жены», и поэтому строил козни против верных и возлюбленных пророков Божьих еще со времен Ветхого Завета.

Когда Моисей родился, враг подстрекал фараона египетского истребить все мужское потомство иудеев (Исход 1:15-22), а когда Иисус пришел в этот мир, лукавый побуждал царя Ирода убить Младенца.

По этой причине Бог помог семье Иисуса убежать в Египет. Затем, охраняемый Самим Богом, Иисус взрослел и начал Свое служение в возрасте 30 лет. По воле Божией Иисус странствовал по Галилее, учил в синагогах, исцелял больных, независимо от того, каким недугом они страдали, воскрешал мертвых, нес Благую Весть о

Царстве Небесном нищим.

Подстрекая первосвященников, книжников и фарисеев во времена Христа, враг, дьявол и сатана, стал измышлять способ погубить Иисуса. Но до отмеренного Богом срока враги Божьи не могли даже коснуться Его Сына. Лишь в завершении трехлетнего служения Иисуса Господь промыслом Своим допустил крестную смерть Богочеловека.

Поддавшись давлению со стороны иудеев, римский прокуратор Понтий Пилат приговорил Иисуса к распятию, и наш Господь умер на кресте в терновом венце, пронзенный гвоздями.

Распятие было самым жестоким способом смертной казни преступника. Можете ли вы представить себе, как, наверное, ликовал враг-дьявол, когда умер безгрешный Иисус? Полагая, что власть зла над всем миром теперь неколебима, он пел песни радости, но и здесь промысел Божий дал о себе знать.

«Но проповедуем премудрость Божию, тайную, сокровенную, которую предназначил Бог прежде веков к славе нашей, которой никто из властей века сего не познал; ибо если бы познали, то не распяли бы Господа славы!» (1 Коринфянам 2:7-8).

Господь справедлив, поэтому Он не злоупотребляет Своей властью и во всем следует духовному закону.

Таким образом, Он вымостил путь спасения людей до начала веков, согласно духовному закону.

Согласно закону духовной сферы, воздаяние за грех – смерть (Римлянам 6:23); если некто безгрешен, то не умрет. Однако враг-дьявол распял безгрешного, праведного, чистого Христа.

Враг, дьявол и сатана, следовательно, преступил духовный закон и должен заплатить за это, вернув власть, отданную ему Адамом после совершения греха непослушания. Другими словами, ему пришлось отказаться от власти над теми людьми, которые приняли Иисуса как своего Спасителя и уверовали в Имя Его, став детьми Божьими.

Если бы враг-дьявол знал премудрость Божию, он бы не распял Христа. Не ведая тайн Божьих, он устроил заклание безгрешного Агнца, пребывая в полной уверенности, что его власть над миром окончательно укрепится только после смерти Мессии. Запутавшись в собственных кознях, враг-дьявол в итоге преступил духовный закон и оказался на пути разрушения. Чудесна премудрость Божья!

Враг-дьявол невольно стал орудием промысла Божия, промысла спасения человечества, и, как предвозвещено в Книге Бытия, его голова была «поражена».

Провидением и мудростью Божией, безгрешный Иисус умер, чтобы искупить грехи всех людей, и, воскреснув на третий день, Он низвергнул власть смерти врага-дьявола и стал Царем царей и Господом господствующих.

Отворились врата спасения для всякого верующего во

Христа Иисуса. Поэтому бесчисленное число людей на протяжении истории человечества обрело и продолжает обретать спасение через Иисуса Христа вплоть до сего дня.

Обретение Духа Святого верой в Иисуса Христа

Почему мы получаем спасение через веру в Иисуса Христа? Принимая Иисуса Христа в качестве нашего Спасителя, мы обретаем Духа Святого от Господа. Когда Дух Святой нисходит на нас, дух наш, бывший до того мертвым, оживает. Дух Божий есть сила и сердце Господне, потому Он ведет детей Божиих к правде и помогает им жить по воле Всевышнего.

Поэтому люди, которые истинно веруют во Христа, принимают Его как Спасителя, пытаются жить по Слову Божию, согласно воле Святого Духа. Они освободятся от пут ненависти, гнева, зависти, ревности, осуждения других людей, прелюбодеяния и будут идти путем благости и правды в понимании, служении и любви к ближнему.

Как уже говорилось выше, по причине непослушания и грехопадения Адама, вкусившего от древа познания добра и зла, дух человеческий обрел смерть и встал на путь разрушения. Получив же Духа Святого, мертвый дух людей оживает, а человек ходит в вере истинной, становясь постепенно мужем правды и возвращая потерянный образ Божий.

Когда мы идем путем Слова Божия, путем правды, наша вера в Бога становится «истинной верой», и, очищаясь от грехов пролитой кровью Христа, мы получаем спасение. Поэтому 1 Иоанна 1:7 говорит нам: *«Если же ходим во свете, подобно как Он во свете, то имеем общение друг с другом, и Кровь Иисуса Христа, Сына Его, очищает нас от всякого греха».*

Так мы получаем спасение верой после того, как грехи наши прощены. Однако, если мы продолжаем идти путем греха и после исповедания веры в Бога, такое исповедание есть ложь; поэтому кровь Господа нашего не может искупить нас и сделаться залогом нашего спасения.

Конечно, тот, кто только что обрел веру в Иисуса Христа, возможно, не становится сразу же на путь истины. Но Господь ведает сердце человеческое, верит в то, что люди меняются, и ведет их ко спасению, если те желают идти к истине.

Иисус Христос исполняет пророчества

Божье обетование Мессии, о Котором говорили пророки, было исполнено Иисусом. Каждый эпизод жизни Иисуса Христа, Спасителя человечества, с момента Его рождения до служения, от Его смерти на кресте до воскресения, был предвиден Господом.

Иисус родился у Девы в Вифлееме

Пророчество Божье о рождении Иисуса Христа изрек пророк Исаия. В уготованное Богом время сила Всевышнего Господа сошла на пречистую Деву по имени Мария из Назарета Галилейского, и вскоре у нее родился Младенец.

«Итак Сам Господь даст вам знамение: се, Дева во чреве приимет и родит Сына, и нарекут имя Ему: Еммануил» (Исаия 7:14).

Подобно тому, как Бог обещал народу Израилеву, что «не будет числа потомкам царей в доме Давида», Он усмотрел рождение Мессии у Девы Марии, которая вышла замуж за Иосифа, потомка Давида. Так как на потомках Адама первородный грех, и они не могут искупить грехи людские, Бог исполнил пророчество, и Младенец родился у непорочной Марии до того, как она стала супругой Иосифа.

«И ты, Вифлеем-Ефрафа, мал ли ты между тысячами Иудиными? из тебя произойдет Мне Тот, Который должен быть Владыкою в Израиле и Которого происхождение из начала, от дней вечных» (Михей 5:2).

В Библии предвещено, что Иисус родится в Вифлееме. Воистину, Иисус родился в Вифлееме Иудейском, в правление Царя Ирода (Матфея 2:1), что является историческим событием.

В то время из страха потерять власть Ирод попытался убить Иисуса, когда услышал весть о рождении Царя Иудейского. Однако он не сумел найти Младенца, и поэтому приказал перерезать всех новорожденных мужского пола до двух лет от роду в Вифлееме и его окрестностях. Плачь и стенания доносились там отовсюду.

Если бы Иисус не явился в этот мир как Царь Иудейский, зачем бы тогда Ироду приносить в жертву столько детских жизней ради одного Младенца? Это чудовищное преступление было совершено врагом, дьяволом и сатаной, страстно жаждущим смерти Мессии и подстрекавшим к преступлению сердце Ирода, который больше всего боялся потерять свой трон.

Иисус свидетельствует о Боге Живом и предан за тридцать сребреников

Перед началом Своего служения Иисус полностью соблюдал Закон в течении тридцати лет. Когда Он вошел в достаточный для священника возраст, Он начал служение Мессии, как и было предвидено до начала веков.

> *«Дух Господа Бога на Мне, ибо Господь помазал Меня благовествовать нищим, послал Меня исцелять сокрушенных сердцем, проповедывать пленным освобождение и узникам открытие темницы, проповедывать лето Господне благоприятное и день мщения Бога нашего, утешить всех сетующих, возвестить сетующим на Сионе, что им вместо пепла дастся украшение, вместо плача – елей радости, вместо унылого духа – славная одежда, и назовут их сильными правдою, насаждением Господа во славу Его» (Исаия 61:1-3).*

Как следует из этого пророчества, Иисус Христос вошел в этот мир как Сын Божий, разрешая жизненные невзгоды силой Божией, утешая сетующих. Когда пришло уготованное Богом время, Иисус отправился в Иерусалим, дабы претерпеть муки.

«Ликуй от радости, дщерь Сиона, торжествуй, дщерь Иерусалима: се Царь твой грядет к тебе, праведный и спасающий, кроткий, сидящий на ослице и на молодом осле, сыне подъяремной» (Захария 9:9)

Согласно пророчеству Захарии, Иисус вошел в Иерусалим, сидя на молодом осле. Город бурно приветствовал Христа восклицаниями: *«Осанна Сыну Давидову! благословен Грядущий во имя Господне! осанна в вышних!»* (Матфея 21:9). Пока Иисус являл чудеса и знамения, ходил по воде и воскрешал мертвых, толпа ликовала. Скоро, однако, та же толпа предаст и распнет Его.

Увидев, что число последователей Иисуса множится и все больше людей ходят услышать Его авторитетные Слова и увидеть проявление силы Божией, священники-фарисеи почувствовали, что их положение в обществе делается шатким, возненавидели Христа и устроили заговор с целью Его убийства. Прибегая ко всевозможным уловкам, они обвиняли Иисуса в обмане и пытались устранить Его, несмотря на то, что Он продолжал творить чудеса силою Божией, ибо Бог был на Его стороне.

Наконец, фарисеи подкупили ученика Иисуса, который предал своего Спасителя за тридцать сребреников. Иисус был схвачен. Исполнилось пророчество Захарии: *«И скажу им: если угодно вам, то дайте Мне плату Мою; если же нет, – не давайте; и они отвесят в уплату Мне тридцать сребреников. И сказал мне Господь: брось их в церковное хранилище, – высокая цена, в какую они оценили Меня! И взял Я тридцать сребреников и бросил их в дом Господень для горшечника» (Захария 11:12-13).*

Когда предавший Христа за тридцать сребреников не смог совладать с чувством вины и швырнул монеты в урну для подаяний в храме, священники приобрели на эти деньги «землю горшечника» (Матфея 27:3-10).

Страсти Господни и смерть Иисуса

Как и предрек пророк Исаия, Иисус претерпел страдания ради спасения человечества. Иисус пришел в этот мир как Спаситель, искупающий грехи народа Божьего. Он был принесен в жертву Богу во искупление, отдав Свою жизнь на древе, символе проклятия.

«Но Он взял на Себя наши немощи и понес наши болезни; а мы думали, что Он был поражаем, наказуем и уничижен Богом. Но Он изъязвлен был за грехи наши и мучим за беззакония наши; наказание мира нашего было на Нем, и ранами Его мы исцелились. Все мы блуждали, как овцы, совратились каждый на свою дорогу: и Господь возложил на Него грехи всех нас. Он истязуем был, но страдал добровольно и не открывал уст Своих; как овца, веден был Он на заклание, и как агнец пред стригущим его безгласен, так Он не отверзал уст Своих. От уз и суда Он был взят;

но род Его кто изъяснит? ибо Он отторгнут от земли живых; за преступления народа Моего претерпел казнь. Ему назначали гроб со злодеями, но Он погребен у богатого, потому что не сделал греха, и не было лжи в устах Его. Но Господу угодно было поразить Его, и Он предал Его мучению; когда же душа Его принесет жертву умилостивления, Он узрит потомство долговечное, и воля Господня благоуспешно будет исполняться рукою Его» (Исаия 53:4-10).

Во времена Ветхого Завета кровь животных должна была проливаться каждый раз, когда человек совершал грех против Бога. Когда Иисус, свободный от первородного греха и безгрешный, пролил Свою чистую кровь за «грехи всех времен», Он вымостил для нас идеальный путь прощения, ведущий к жизни вечной (Евреям 10:11-12), и на веки вечные стал жертвенным Агнцем. По нашей вере в Иисуса Христа, таким образом, наши грехи были прощены, и мы более не должны приносить в жертву животных.

Когда Иисус испустил последнее дыхание на кресте, завеса в храме разорвалась на две части сверху донизу (Матфея 27:51). Завеса представляла собой занавес очень большого размера и отделяла Святое Святых от Жертвенника; простые прихожане не имели права проникать в алтарную часть храма, и лишь первосвященник мог входить во Святое Святых раз в год.

Тот факт, что «завеса в храме раздралась надвое,

сверху донизу», символизирует уничтожение стены греха между Богом и людьми благодаря жертве Иисуса. В прошлом первосвященники должны были подносить Богу жертвоприношения, чтобы искупить грехи народа Божия. Теперь, когда стена греха устранена, мы можем вступать в личное общение с Богом. Иными словами, каждый верующий во Христа Иисуса может подойти к священному алтарю Божию и там поклоняться и молиться Богу.

«Посему Я дам Ему часть между великими, и с сильными будет делить добычу, за то, что предал душу Свою на смерть, и к злодеям причтен был, тогда как Он понес на Себе грех многих и за преступников сделался ходатаем» (Исаия 53:12).

Подобно тому, как, согласно Исаие, Мессия претерпел муки и был убит, Иисус умер за грехи всех людей, но был приравнен к преступнику. Но даже когда Он умирал на кресте, Он просил Бога о прощении грехов распявших Его.

«Иисус же говорил: Отче! прости им, ибо не знают, что делают. И делили одежды Его, бросая жребий» (Луки 23:34).

Когда Он умер на кресте, было исполнено пророчество псалмопевца: *«Он хранит все кости его; ни одна из них не сокрушится» (Псалтирь 33:21)*; в Евангелии от

Иоанна 19:32-33 мы находим: «*Итак пришли воины, и у первого перебили голени, и у другого, распятого с Ним. Но, придя к Иисусу, как увидели Его уже умершим, не перебили у Него голеней*».

Иисус завершает Свое мессианское служение, воскресает и возноситься на Небо

Хотя Иисус принял на Себя грехи человечества в качестве искупительной жертвы, мессианский промысел спасения не завершился с Его смертью.

Как гласит пророчество, «*Ты не оставишь души моей в аде и не дашь святому Твоему увидеть тление*» (Псалтирь 16:10), и «*не умру, но буду жить и возвещать дела Господни*» (Псалтирь 117:17). После крестной смерти тело Иисуса не подверглось скверне тления, и Он воскрес в третий день.

Пророчество также гласит: «*Ты восшел на высоту, пленил плен, принял дары для человеков, так чтоб и из противящихся могли обитать у Господа Бога*» (Псалтирь 67:19). Иисус восшел на Небо и ждет последних дней, когда Он завершит совершенствование рода людского и поведет народ Свой на Небо.

Легко видеть, что Слово Божие, изрекаемое через Его пророков, было полностью исполнено через Иисуса Христа.

Смерть Мессии и пророчества об Израиле

Избранный Богом народ Израилев не признал Своего долгожданного Мессию. Но несмотря на это, Бог не оставил людей, которых Он некогда избрал, и продолжает сегодня промысел спасения Израиля.

Даже через смерть Иисуса Бог дал пророчества о будущем Израиля, следуя Своей преданной любви и желанию спасения Израиля через ниспосланного Им Мессию.

Страдания народа Израилева, распявшего Иисуса

Хотя казнь Иисуса на кресте была, в конечном счете, решением римского прокуратора Понтия Пилата, именно иудеи убедили его в необходимости жестокой расправы. Пилат знал о безосновательности казни Иисуса, но поддался давлению вопящей и возбужденной толпы, которая вот-вот могла начать бунт.

Приняв решение о распятии Иисуса, Пилат омыл свои руки на глазах у толпы и заявил о своей невиновности в смерти Человека. В ответ иудеи закричали: «Кровь Его на нас и детях наших!»

В 70 г. Иерусалим был взят римским военачальником

Титом. Храм был разрушен, а те жители города, которые остались в живых, были вынуждены отдать на милость победителей все свое имущество и странствовать в поисках убежища. Таково начало изгнания народа, которое продолжалось практически 2000 лет и было сопряжено со страданиями и лишениями, какие невозможно описать словами.

При падении Иерусалим около 1,1 млн. иудеев постигла смерть; во время II Мировой войны приблизительно 6 млн. евреев было уничтожено нацистами. Во время массовых казней в лагерях смерти нацисты заставляли евреев снимать всю свою одежду, и это напоминает о том, что Иисус был распят обнаженным.

Конечно, с точки зрения израильтян, можно сказать, что нечеловеческие страдания не являлись следствием распятия Иисуса. Однако, если обратиться к истории Израиля, становится очевидно, что народ Израилев пользовался покровительством Бога и процветал, соблюдая Его закон. Когда этот народ отверг волю Божию, он тем самым навлек на себя наказание и длительный период страданий и испытаний.

Понятно, что страдания Израиля были не беспричинны. Но если распятие Иисуса обосновывалось промыслом Божьим, почему Бог оставил Израиль в нескончаемой череде жесточайших несчастий?

Дележ риз Иисуса, жребий о Его хитоне и будущее Израиля

Другой случай, предвосхитивший будущие испытания Израиля, произошел на месте казни Иисуса. Как говорит псалмопевец в стихе 21:19, *«делят ризы мои между собою и об одежде моей бросают жребий»*. Римские легионеры разделили одеяния Христа на четыре части, по одной на солдата, а о хитоне они бросили жребий, и он достался лишь одному.

Какое отношение имеет этот эпизод к судьбе Израиля? Иисус был Царем Иудейским, поэтому Его ризы символизируют в духовном плане израильскую государственность и народ. Раздел риз на четыре части и потеря одеянием первоначальной формы предвосхитили уничтожение Израиля как государства. Тем не менее, материя сохранилась, и поэтому даже если государство Израиль исчезло, имя «Израиль» сохранилось

Каково значение того факта, что римские легионеры поделили ризы между собой? Смысл этого в уничтожении Израиля Римом и в рассеянии иудеев. Данное пророчество исполнилось с падением Израиля как государства и в странствиях народа Израилева по всему миру.

Евангелие от Иоанна 19:23 так говорит о хитоне Иисуса: *«Хитон же был не сшитый, а весь тканый сверху»*. Тунику, или хитон, производили из цельного отреза материи, а не из разных лоскутов.

Большинство людей никогда не задумывается о том, как была соткана их одежда. Почему же тогда Библия уделяет такое внимание этой, казалось бы, незначительной детали? А ведь здесь – пророчество о судьбе Израиля.

Хитон Иисуса символизирует сердце народа Израилева, сердце, которым они служат Богу. Единотканность хитона обозначает непоколебимую веру народа избранного, которую обрел еще праотец Иаков, и сердце Израиля не может «разойтись по швам» ни при каких обстоятельствах.

После разделения народа на двенадцать колен, вслед за временами Авраама, Исаака и Иакова, народ Израилев хранил свою чистоту, не вступая в браки с язычниками. После раздела на северное царство, Израиль, и южное царство, Иудею, израильтяне сочетались браками с другими народами, иудеи же сохраняли этническую однородность. И по сей день евреи отслеживают происхождение вплоть до отцов веры.

Поэтому даже после раздела риз Христа хитон остался целым. Это значит, что, хоть израильское государство и исчезнет, чаяние сердца народа Израилева по отношению к Богу и его вера не могут быть истреблены.

Они являются народом непоколебимого сердца, Бог избрал их, как это описано в Писании, и через них Он ниспосылает людям Царство Свое и праведность до сего дня. Даже спустя тысячелетия народ Израилев неукоснительно следует Закону, будучи наследником непоколебимого сердца Иакова.

В результате этого, практически после 19 веков отсутствия собственной государственности, народ Израилев потряс мир, провозгласив создание независимого государства 14 мая 1948 года.

«И возьму вас из народов, и соберу вас из всех стран, и приведу вас в землю вашу» (Иезекииль 36:24).

«И будете жить на земле, которую Я дал отцам вашим, и будете Моим народом, и Я буду вашим Богом» (Иезекииль 36:28).

Как предсказано еще в Ветхом Завете, *«после многих дней ты понадобишься; в последние годы ты придешь в землю» (Иезекииль 38:8).* Народ Израилев вернулся в Палестину и вновь создал там свое государство. Более того, став одной из влиятельнейших стран в мире, израильтяне в очередной раз продемонстрировали миру исключительные качества своего народа.

Бог желает, чтобы Израиль подготовился к Его пришествию

Бог желает, чтобы обновленный Израиль подготовился к возвращению Мессии. Иисус, наш Спаситель, пришел в землю Израилеву около двух тысяч лет тому назад и обещал вернуться. Поэтому Бог желает, чтобы народ избранный ожидал Его второго пришествия и обрел истинную веру.

Воскресший Христос вернется в этот мир не как Младенец, рожденный в вертепе нищих пастухов, и не ради крестных мук, которые Он претерпел две тысячи лет тому назад. Царь царей и Господь господствующих, Иисус будет начальником над сонмом сил небесных и ангелов, Он явит Себя всему миру в славе Господней.

«Се, грядет с облаками, и узрит Его всякое око и те, которые пронзили Его; и возрыдают пред Ним все племена земные. Ей, аминь» (Откровение 1:7).

Когда придет этот час, все люди, будь то верующие или неверующие, узрят Господа в небе. В тот день все верующие во Христа как Спасителя будут вознесены на небеса и станут веселиться на свадебном пиру в небесах, скорбь же станет уделом остальных.

Бог создал первочеловека Адама и стал совершенствовать Свое творение. Но и этому придет конец. Подобно хлебопашцу, сеющему, а затем пожинающему жатву, Бог ожидает время сбора урожая. Возделывание Богом человечества завершится, когда придет Иисус. Откровение 22:7 говорит нам: *«Се, гряду скоро: блажен соблюдающий слова пророчества книги сей»*. Описанные в Откровении события грядут скоро, ибо мы живет в последние дни.

Благодаря Своей необъятной любви к Израилю,

Господь продолжает просвещать народ избранный с помощью истории, дабы он принял своего Мессию. Бог искренне желает, чтобы не только Его народ, но и все человечество уверовало в Иисуса Христа до наступления времени жатвы.

Священное Писание иудеев, известное христианам как Ветхий Завет

Глава 3

Бог, в Которого верит Израиль

Закон и предание

Когда Бог вывел народ Израилев из Египта и привел их в обетованную землю Ханаана, Он сошел на вершину горы Синай. Иегова призвал Моисея, вождя Исхода, и повелел ему выделить из своей среды людей на служение Богу. Кроме того, через Моисея Бог даровал народу Десять Заповедей и многие другие законы.

После того, как Моисей пересказал народу все слова Господа Иеговы и законы, как это описано в Исходе 24:3, люди единогласно ответили: *«Все, что сказал Господь, сделаем»*. Но стоило Моисею удалиться на гору Синай по зову Божиему, народ упросил Аарона воздвигнуть истукан Золотого Тельца и впал в грех идолопоклонства.

Почему же избранный Богом народ совершил такой тяжкий грех? Все люди, рожденные после Адама, совершившие грех непослушания, являются потомками Адама и наследуют его греховную природу. Человек склонен ко греху, пока не очистился от греха обрезанием сердца. Бог предусмотрел это Своим промыслом и ниспослал Своего единственного Сына Иисуса, и через Его распятие Он открыл врата, дарующие искупление от грехов всем людям.

Зачем тогда Бог наделил людей законом, Десятью Заповедями Моисеевыми, правилами и установлениями, которые известны нам как Закон Божий?

Через закон Бог ведет их в землю, в которой течет молоко и мед

Причина и предназначение богоданного закона, ниспосланного Израилю после Исхода из Египта, заключается в благословении, благодаря которому народ смог войти в землю Ханаанскую, где течет молоко и мед. Люди получили закон непосредственно от Моисея, но они не последовали заветам Бога и совершили множество грехов, таких как идолопоклонство и прелюбодеяние. Наконец, многие из них погибли во грехе в течение сорока лет странствий по пустыне.

Книга Второзакония была записана с последних слов Моисея, она содержит заповеди Бога и законы. Когда умерло первое поколение Исхода, и остались лишь Иисус Навин и Халев, и пришло время Моисею оставить народ Израилев, он страстно призвал второе и третье поколения любить Бога и следовать Его заповедям.

«Итак, Израиль, чего требует от тебя Господь, Бог твой? Того только, чтобы ты боялся Господа, Бога твоего, ходил всеми путями Его, и любил Его, и служил Господу, Богу твоему, от всего сердца твоего и от всей души твоей,

*чтобы соблюдал заповеди Господа [Бога твоего]
и постановления Его, которые сегодня заповедую
тебе, дабы тебе было хорошо» (Второзаконие
10:12-13).*

Бог дал им закон, потому что желал, чтобы они
сознательно следовали ему по зову сердца, подтверждая
любовь к Богу своим послушанием. Бог дал закон не
для того, чтобы ограничить и связать людей по рукам
и ногам, но дабы принять их послушные сердца и
благословить их.

*«"И да будут слова сии, которые Я заповедую
тебе сегодня, в сердце твоем [и в душе твоей];
и внушай их детям твоим и говори о них, сидя в
доме твоем и идя дорогою, и ложась и вставая;
и навяжи их в знак на руку твою, и да будут
они повязкою над глазами твоими, и напиши их
на косяках дома твоего и на воротах твоих»
(Второзаконие 6:6-9).*

Через эти стихи Бог сказал им, как хранить закон в
сердце, учить и следовать ему. На протяжении многих
веков законы и заповеди Бога, записанные в Пятикнижии
Моисеевом, учат наизусть и соблюдают, хотя и, скорее, в
их внешнем проявлении.

Закон и предание старейшин

Например, по закону следует чтить день субботний, и поэтому старейшины подробно регламентировали, как именно следует соблюдать эту заповедь. Предание содержит запрет пользоваться автоматическими дверями, лифтами, эскалаторами, открывать деловые письма, паспорта и посылки. Каким образом возникло предание старейшин?

Когда Храм Божий был разрушен, а народ Израилев пленен вавилонянами, они думали, что это произошло из-за недостаточно ревностного служения Богу. Требовалось более верно служить Богу, применяя закон к новым ситуациям. Поэтому и были созданы многочисленные строгие правила.

С помощью этих правил люди пытались служить Богу более преданно. Иными словами, правила создавались, чтобы четко регулировать каждый аспект жизни человека, тем самым помогая ему следовать закону изо дня в день.

Иногда строгие правила действительно помогали соблюдать закон. Однако со временем люди перестали понимать истинный смысл закона, уделяя больше внимания его внешней, формальной стороне. В результате народ Израилев исказил дух закона.

Бог видит и принимает служение закону в сердце

человеческом, а не в формальном и внешнем соблюдении правил поведения. Для того Он установил закон, чтобы узреть любящих Его и благословить исполняющих заповеди. Хотя многие люди во времена Ветхого Завета соблюдали закон, были и такие, которые его преступали.

«Лучше кто-нибудь из вас запер бы двери, чтобы напрасно не держали огня на жертвеннике Моем. Нет Моего благоволения к вам, говорит Господь Саваоф, и приношение из рук ваших неблагоугодно Мне» (Малахия 1:10).

Когда учителя закона и старейшины клеветали против Христа и осуждали Его апостолов, это происходило не потому, что Иисус и апостолы не исполняли закон, а потому что они нарушали традиции старейшин. Это хорошо описано в пятнадцатой главе Евангелия от Матфея.

«Зачем ученики Твои преступают предание старцев? ибо не умывают рук своих, когда едят хлеб» (стих 2).

К тому моменту Иисус настолько просветил их, что они понимали: не закон был нарушен, а предание. Конечно, необходимо соблюдать закон правильным поведением, но намного более важно осознавать истинную волю Божию, которая заключена в Законе.

Он [Иисус] так ответил им:

> *«Зачем и вы преступаете заповедь Божию ради предания вашего? Ибо Бог заповедал: почитай отца и мать; и: злословящий отца или мать смертью да умрет. А вы говорите: если кто скажет отцу или матери: дар Богу то, чем бы ты от меня пользовался, тот может и не почтить отца своего или мать свою; таким образом вы устранили заповедь Божию преданием вашим» (Матфея 15:3-6).*

В Матфея 15:7-11 Он также говорит:

> *«Лицемеры! хорошо пророчествовал о вас Исаия, говоря: приближаются ко Мне люди сии устами своими, и чтут Меня языком, сердце же их далеко отстоит от Меня; но тщетно чтут Меня, уча учениям, заповедям человеческим».*

Призвав народ, Иисус сказал:

> *«Слушайте и разумейте! не то, что входит в уста, оскверняет человека, но то, что выходит из уст, оскверняет человека» (стихи 10-11).*

Дети Божии должны почитать своих родителей, как того требуют Десять Заповедей. Но фарисеи учили народ, что дети, обязанные служить родителям своей собственностью, могут быть освобождены от этой обязанности, если откажутся от имущества в пользу Бога. Они сочинили столько детальных правил на каждый случай жизни, что язычники даже не могли представить себе, что точное следование преданию старцев возможно, и полагали, что с такой обязанностью в состоянии справиться лишь избранный Богом народ.

Бог, в Которого верит Израиль

Когда Иисус исцелял больных в субботу, фарисеи стали обвинять Его в нарушении закона. Однажды Иисус вошел в синагогу и увидел калеку, стоящего рядом с фарисеями. Тогда Он обратился к ним, говоря:

«Должно ли в субботу добро делать, или зло делать? душу спасти, или погубить?» (Марка 3:4).

«Кто из вас, имея одну овцу, если она в субботу упадет в яму, не возьмет ее и не вытащит? Сколько же лучше человек овцы! Итак можно в субботы делать добро» (Матфея 12:11-12).

Фарисеи следовали закону в традиции старейшин и в эгоистичном понимании жизни, поэтому они не только были слепы к истинной воле Божией, которая содержится в законе, но и не признали Иисуса, сошедшего на землю в качестве Спасителя.

Иисус нередко обращался к ним с призывом покаяться в прегрешениях. Он упрекал их в пренебрежении истинной цели закона, данного им Богом и низведенного ими до набора ритуальных действий.

«Горе вам, книжники и фарисеи, лицемеры, что даете десятину с мяты, аниса и тмина, и оставили важнейшее в законе: суд, милость и веру; сие надлежало делать, и того не оставлять» (Матфея 23:23).

«Горе вам, книжники и фарисеи, лицемеры, что очищаете внешность чаши и блюда, между тем как внутри они полны хищения и неправды» (Матфея 23:25).

Народ Израилев, находясь под игом Римской Империи, мечтал о Мессии, Который придет к ним в силе и славе, освободит их от угнетения и сделает властелинами всей земли.

И в то же время Сын простого плотника, друг униженных, больных и грешников, называвший Бога «Отцом», провозгласил Себя Светом мира. Когда Он упрекал в грехах тех, кто извратил закон и само понятие праведности, Его слово пронзило их сердца, и они распяли Его безо всякой причины.

Сердце Бога – неугасимая любовь и милость

Фарисеи строго следовали правилам иудаизма и ценили многовековое предание так же высоко, как собственную жизнь. Они обращались со сборщиками римских податей как с грешниками и избегали их.

Еще Евангелии от Матфея 9:10 говорится, что Иисус трапезничал в доме мытаря по имени Матфей. Он и Его ученики сидели за одним столом и с другими мытарями и грешниками. Когда фарисеи увидели это, они спросили у апостолов: *«Почему ваш Учитель ест с мытарями и грешниками?»*. Услышав, что фарисеи осуждают Его учеников, Иисус рассказал им о любви Божьей. Бог дарует Свою неугасимую любовь и милость любому, кто покается в грехах от всего сердца и вступит на путь праведности.

В Евангелии от Матфея 9:12-13 сказано: *«Иисус же, услышав это, сказал им: не здоровые имеют нужду во враче, но больные, пойдите, научитесь, что значит: милости хочу, а не жертвы? Ибо Я пришел призвать не праведников, но грешников к покаянию».*

Когда пороки народа Ниневии достигли небес, Бог вознамерился разрушить их город. До этого Он послал своего пророка Иону, дабы тот призвал народ к покаянию. Постом и покаянием народ получил Божье прощение. Однако именно фарисеи считали, что каждый, кто нарушает закон, должен быть осужден. А ведь самое важное в законе – это беспрестанная любовь и прощение, чего не понимали фарисеи, ставящие наказание выше милости и любви.

Так же и мы, когда не понимаем сердце Бога, давшего нам закон, осуждаем всех и каждого, руководствуясь своими представлениями и догадками, совершая тем самым грех против Бога.

Истинная цель закона Бога

Бог создал небо и землю и все, что в них, и сотворил человека, дабы обрести в нем истинное дитя, сердце которого подобно Божьему. Именно поэтому Бог сказал Своему народу: *«Освящайтесь и будьте святы, ибо Я свят» (Левит 11:44).* Он желает, чтобы мы не просто боялись Его гнева, совершая проступки, но чтобы мы стали безупречными, искореняя зло в своих сердцах.

Во времена Иисуса фарисеи и книжники уделяли большее внимание жертвоприношениям и ритуальному соблюдению закона, чем очищению своих сердец. Богу более приятно сокрушенное сердце, чем жертвоприношение (Псалтирь 51:16-17). Потому Он и даровал нам закон покаяния, чтобы мы отвратились от грехов.

Истинная воля Божия в законе Ветхого Завета

Все вышесказанное не значит, что соблюдение закона народом Израилевым напрочь противоречило любви к Богу. Однако более всего Богу угодно очищение сердец людских, поэтому Он решительно порицал Свой народ устами пророка Исаии.

Пробудись, Израиль!

«К чему Мне множество жертв ваших? говорит Господь. Я пресыщен всесожжениями овнов и туком откормленного скота, и крови тельцов и агнцев и козлов не хочу. Когда вы приходите являться пред лице Мое, кто требует от вас, чтобы вы топтали дворы Мои? Не носите больше даров тщетных: курение отвратительно для Меня; новомесячий и суббот, праздничных собраний не могу терпеть: беззаконие – и празднование!» (Исаия 1:11-13).

Дело соблюдения закона совершенствуется не столько определенным поведением, сколько велением сердца. Бога не устраивали многочисленные жертвенные подношения, являющиеся хоть и регулярным, но все же поверхностным действием. Не важно, сколько даров было принесено согласно закону, Бога они не радовали, ибо сердца людей оставались черствы к Его воле.

Это касается и наших молитв. В молитве важно не само действие, а отношение сердца молящегося. Как говорит псалмопевец: *«Если бы я видел беззаконие в сердце моем, то не услышал бы меня Господь»* (Псалтирь 65:18).

Через Христа Бог доносит до людей, что Ему неугодны молитвы лицемерные и показные, но только молитвы от всего сердца.

«И, когда молишься, не будь, как лицемеры, которые любят в синагогах и на углах улиц, останавливаясь, молиться, чтобы показаться перед людьми. Истинно говорю вам, что они уже получают награду свою» (Матфея 6:5-6).

То же происходит, когда мы каемся во грехах. В момент нашего покаяния Господь ожидает не разорванных одежд, громких стенаний и посыпания головы пеплом, а сердечного покаяния в совершенных проступках. Само действие не важно, и когда вы обратитесь к Господу всем сердцем и откажетесь от грехов, Бог примет покаяние.

«Но и ныне еще говорит Господь: обратитесь ко Мне всем сердцем своим в посте, плаче и рыдании. Раздирайте сердца ваши, а не одежды ваши, и обратитесь к Господу Богу вашему; ибо Он благ и милосерд, долготерпелив и многомилостив и сожалеет о бедствии» (Иоиль 2:12-13).

Иными словами, Бог принимает сердца соделателей закона, а не блюстителей буквы. Именно это описано в Библии как «обрезание сердца». Обрезание плоти же само по себе не равносильно обрезанию сердца, пронзенного покаянием.

Обрезание сердца, угодное Богу

Что же конкретно значит обрезание сердца? Оно значит «обрезание и устранение из сердца всех зол и грехов, включая зависть, ревность, гнев, злые чувства, прелюбодеяние, ложь, хитрость, осуждение ближнего». Когда вы устраняете из своих сердец грехи и всякое зло и соблюдаете закон, Бог принимает это как наивысшее послушание.

> *«Обрежьте себя для Господа, и снимите крайнюю плоть с сердца вашего, мужи Иуды и жители Иерусалима, чтобы гнев Мой не открылся, как огонь, и не воспылал неугасимо по причине злых наклонностей ваших» (Иеремия 4:4).*

> *«Итак обрежьте крайнюю плоть сердца вашего и не будьте впредь жестоковыйны» (Второзаконие 10:16).*

> *«Египет и Иудею, и Едома и сыновей Аммоновых, и Моава и всех стригущих волосы на висках, обитающих в пустыне; ибо все эти народы необрезаны, а весь дом Израилев с необрезанным сердцем» (Иеремия 9:26).*

> *«И обрежет Господь Бог твой сердце твое и сердце потомства твоего, чтобы ты любил Господа Бога твоего от всего сердца твоего*

и от всей души твоей, дабы жить тебе»
(Второзаконие 30:6).

Таким образом, Ветхий Завет часто призывает нас к обрезанию сердца, ведь только те, у кого обрезаны сердца, могут любить Бога всем сердцем и всей душой.

Бог желает, чтобы Его дети пребывали в святости и совершенстве. В Книге Бытия 17:1 Бог сказал Аврааму быть «непорочным», а в Левите 19:2 заповедовал народу Израилеву быть «святым».

В Евангелии от Иоанна 10:35 сказано: *«Он назвал богами тех, к которым было слово Божие, и не может нарушиться Писание»,* – а во 2-ом Петра 1:3-4 говорится: *«Как от Божественной силы Его даровано нам все потребное для жизни и благочестия, через познание Призвавшего нас славою и благостию, которыми дарованы нам великие и драгоценные обетования, дабы вы через них соделались причастниками Божеского естества, удалившись от господствующего в мире растления похотью».*

В ветхозаветные времена спасение обреталось через соблюдение закона, который был символом и предвестием грядущего Мессии. Во времена же Нового Завета мы получаем спасение верой в Иисуса Христа, исполнившего закон любовью.

Во времена Ветхого Завета путь спасения через дела был возможен при условии, что человек, помышляя об убийстве, ненависти, прелюбодеянии и лжи, все же избегал злодеяний. В то время Святой Дух не обитал в людях, и им приходилось собственными силами сдерживать эти помыслы. Поэтому если человек не совершал преступления, то он и не считался грешником.

Однако в эпоху Нового Завета мы можем обрести спасение только обрезанием сердца верой. Святой Дух дает нам знать о грехе, праведности и осуждении, помогает жить по Слову Божию, поэтому мы можем очистить свою греховную природу, совершив обрезание сердца.

Спасение через веру в Иисуса Христа не даруется, если мы всего лишь признаем и верим, что Иисус Христос – наш Спаситель.

Только когда мы из любви к Богу очищаем сердца от всякого зла и вступаем на путь веры, Господь признает истинность нашей веры и ведет не только к полному спасению, но и удивительным ответам на молитвы и благословениям.

Как угодить Богу

Вполне естественно, что дитя Божие не совершает греховных поступков. Также подобает верующему отбросить всякую неправду и греховные похоти сердца, уподобляясь святости Господа. Если вы не совершаете злодеяний, но вынашиваете греховные похоти, то не можете быть признанными праведниками Господом.

Потому и сказано в Матфея 5:27-28: *«Вы слышали, что сказано древним: не прелюбодействуй. А Я говорю вам, что всякий, кто смотрит на женщину с вожделением, уже прелюбодействовал с нею в сердце своем».*

И в 1-ом Иоанна 3:15 говорится: *«Всякий, ненавидящий брата своего, есть человекоубийца; а вы знаете, что никакой человекоубийца не имеет жизни вечной, в нем пребывающей».* Этот стих призывает нас изгонять ненависть из своих сердец.

Каким образом мы должны вести себя по отношению к врагам, не желающим, чтобы мы угождали Богу?

Ветхозаветный закон говорит нам: *«Око за око и зуб за зуб».* Иными словами, *какой тебе причинили ущерб, такой и ты должен причинить врагу.* Этот закон существовал для того, чтобы четко ограничить меру воздаяния, ибо премудрый Господь знает, что греховный человек пытается отплатить обидчику многократно.

Царь Давид по праву считался обладателем доброго сердца Бога. Когда Саул попытался убить его, Давид не стал отплачивать ему злом за все причиненное зло, но обращался с ним милостиво до самого последнего момента. Давид понимал истинное значение закона и жил лишь по Слову Божию.

> *«Не мсти и не имей злобы на сынов народа твоего, но люби ближнего твоего, как самого себя. Я Господь [Бог ваш]» (Левит 19:18).*

> *«Не радуйся, когда упадет враг твой, и да не веселится сердце твое, когда он споткнется» (Притчи 24:17).*

> *«Если голоден враг твой, накорми его хлебом; и если он жаждет, напой его водою» (Притчи 25:21).*

> *«Вы слышали, что сказано: люби ближнего твоего и ненавидь врага твоего. А Я говорю вам: любите врагов ваших, благословляйте проклинающих вас, благотворите ненавидящим вас и молитесь за обижающих вас и гонящих вас» (Матфея 5:43-44).*

Согласно этим стихам, если вы с виду соблюдаете закон, но не прощаете человека, причинившего вам несчастья, Бог вами не доволен. Ведь Он заповедовал нам любить своих врагов. Только соблюдая закон всем сердцем своим, вы полностью исполняете Слово Божие.

Закон, знамение любви Божией

Бог желает, чтобы мы получали непрекращающиеся благословения, но так как Он – Бог справедливости, у Него нет другого выбора, как отдать нас в руки дьявола, если мы совершаем грехи. Поэтому некоторые верующие в Бога страдают от болезней, несчастных случаев и катастроф, когда перестают жить по Слову.

Бог даровал нам много заповедей, желая, по Своей любви, защитить нас от испытаний и боли. Сколько наставлений дают любящие родители своим детям, чтобы избавить их от болезней и несчастных случаев?

«Возвращаясь домой, вымой руки».
«Чисти зубы после еды».
«Посмотри по сторонам, когда переходишь улицу».

По той же причине всемилостивый Бог повелел нам соблюдать Его заповеди и установления – ради нашего же блага (Второзаконие 10:13). Соблюдение Слова Божия подобно маяку на жизненном пути. Не важно, как темно вокруг, но мы всегда можем безопасно добраться до указываемой им цели. Так же и Бог, Который есть Свет, пребывающий всегда с нами, защищает и благословляет Своих чад.

Ликует Бог, защищающий детей Своих, живущих по Слову, и милостиво дарующий им, что пожелают! Так же и дети эти очищают свои сердца, уподобляясь в благости

Богу, пока следуют Его Слову и наполняются глубокой любовью Божией, преумножая свою любовь к Творцу.

Таким образом, закон, ниспосланный нам Богом, подобен учебнику благодати, который содержит инструкции благословенной жизни, отмеренной нам на земле. Закон Божий не обременяет нас, а защищает от всяческих потрясений мира сего, которым правит враг, дьявол и сатана, ведет нас путем благословений.

Иисус исполнил закон Своей любовью

Во Второзаконии 19:19-21 сказано, что во времена Ветхого Завета, когда некто совершал грех с помощью своих очей, он должен был в наказание лишиться глаза. Если преступление совершено рукой или ногой, то их отрубали. Прелюбодеев же побивали камнями.

Духовный закон говорит нам, что наказанием за грех является смерть. Бог сурово наказывал непростительных грешников в назидание другим, дабы они не оступились.

Однако Бог любви не довольствовался верой, с которой народ держался за закон, говоря: «Око за око, зуб за зуб». Вместо этого Бог все снова и снова повторял в Ветхом Завете, что человеку должно обрезать свое сердце. Он не желал, чтобы Его народ страдал по причине закона, и, когда пришло время, Он послал Иисуса в этот мир искупить грехи людские и исполнить закон Своей любовью.

Не будь Иисус распят на кресте, закон воздаяния действовал бы, как прежде: за преступление отрубали бы ноги и руки. Но Иисус принял мученичество крестной смерти и пролил Свою драгоценную кровь. Его ноги и руки были пронзены гвоздями, и Он омыл кровью все наши грехи. Благодаря любви Божией теперь нам уже не нужно трепетать при мысли о воздаянии – отсечении ног и рук.

Иисус, Сын Бога любви, снизошел на Землю и выполнил закон любовью. Иисус жил праведной жизнью и соблюдал все законы Божии.

Но даже несмотря на то, что Он полностью следовал закону, Он не осуждал тех, кому это было не под силу. Он не говорил: «Вы нарушили закон, и потому умрете». Вместо этого Он учил людей истине денно и нощно, чтобы покаялась хотя бы одна душа и обрела спасение. Он служил людям непрестанно: врачевал болезни и изгонял бесов.

Любовь Иисуса запечетлена в эпизоде, когда книжники и фарисеи привели к Нему женщину, совершившую прелюбодеяние. В главе 8 Евангелия от Иоанна книжники и фарисеи вопрошают Христа:

«Учитель! эта женщина взята в прелюбодеянии; а Моисей в законе заповедал нам побивать таких камнями: Ты что скажешь?». На это Он ответил: «Кто из вас

без греха, первый брось на нее камень».

Спросив у них об этом, Он намеревался напомнить им, что не только женщина, но и сами они, обвинившие ее в прелюбодеянии и пытающиеся найти основания, чтобы обвинить Иисуса, пред Богом были такими же грешниками. Ни у кого нет права осуждать другого. Когда люди услышали этот ответ, каждый из них почувствовал укор совести, и они по очереди разошлись, начиная с самых старших. Иисус остался один, женщина же стояла неподалеку.

«Иисус, ... не видя никого, кроме женщины, сказал ей: женщина! где твои обвинители? никто не осудил тебя?. Она отвечала: никто, Господи. Иисус сказал ей: и Я не осуждаю тебя; иди и впредь не греши» (Иоанна 8:10-11).

Обвиняемая в непростительном грехе, женщина испытывала великий страх. Поэтому вы можете представить себе слезы благодарности, которые она пролила, обуреваемая глубоким чувством благодарности. Постоянно помня прощение и любовь Иисуса, она более не осмелится преступить закон и впасть в грех. Это стало возможным благодаря тому, что она встретила Иисуса, Который преисполнил ее любовью.

Иисус исполнил закон не только по отношению к этой женщине, но и по отношению ко всем людям. Ибо Он не потратил Свою жизнь впустую, а принес ее в жертву ради избавления всех нас, грешников, подобно любящему родителю, жертвующему собой ради детей.

Иисус был безгрешен, непорочен и является единственным Сыном Божиим. Но Он принял неописуемые страдания, пролил Свою кровь и пожертвовал жизнью на кресте за нас, грешников. Его распятие было кульминацией Божественной любви к человечеству.

Когда на нас снисходит сила Его любви, мы обретаем способность полностью следовать закону, исполнять его любовью, как того желает от нас Иисус.

Если бы Иисус, вместо того, чтобы исполнить закон любовью, принялся судить и осуждать по всей строгости закона и отвратил очи свои от грешников, сколько бы людей были спасены? Ведь в Библии сказано: «Нет праведного ни одного». Никто не может быть спасен по закону.

Таким образом, чада Божии, получившие спасение по благодати, должны не только любить Бога и исполнять Его заповеди, но и возлюбить и простить ближнего своего.

Осуждающие других по закону

Иисус исполнил закон любовью и стал Спасителем человечества, но что же делали фарисеи и книжники и учителя закона? Вместо того, чтобы исполнить закон очищением сердец своих, как того желает Бог, они полагали, что в силах неукоснительно следовать букве закона. Кроме того, они не прощали преступающих закон, но осуждали их.

Но наш Бог не желает, чтобы мы осуждали других немилостиво. Он не хочет также, чтобы мы пытались соблюсти закон, не ведая благодати Божией. Если мы следуем закону, но не можем принять сердце Божие и Его любовь, то что это нам дает?

«Если имею дар пророчества, и знаю все тайны, и имею всякое познание и всю веру, так что могу и горы переставлять, а не имею любви, – то я ничто. И если я раздам все имение мое и отдам тело мое на сожжение, а любви не имею, нет мне в том никакой пользы» (1 Коринфянам 13:2-3).

Бог есть любовь, Он радуется и благословляет нас, когда мы излучаем любовь. Во времена Иисуса фарисеи не имели любви в своих сердцах, они пытались соблюсти закон, но в том не было им никакой пользы. Они осуждали других людей своим знанием закона, чем только отдаляли себя от Бога, а в конечном счете именно они распяли Сына Божия на кресте.

Понимание истинной воли Божией, заключенной в законе

Даже в ветхозаветные времена были великие отцы веры, понимавшие истинную волю Божию, которая содержится в законе. Среди них Авраам, Иосиф, Моисей, Давид и Илия. Они не только исполняли закон, но и стремились стать истинными чадами Божиими, совершая обрезание сердца.

Однако когда Иисус был послан Богом Авраама, Исаака и Иакова в качестве Мессии, иудеи не узнали Его. Они были ослеплены условностями предания старцев и пытались следовать букве закона.

Для того, чтобы засвидетельствовать, что Он является Сыном Божиим, Иисус совершал удивительные чудеса и знамения, которые были возможны только обладателю силы Божией. И все же фарисеи не приняли Иисуса как Мессию.

По-другому вели себя иудеи с благими сердцами. Они внимали проповеди Христа, уверовали в Него, видели Его чудеса и верили, что Бог с Ним. Глава 3 Евангелия от Иоанна повествует о знатоке закона по имени Никодим. Он пришел к Иисусу ночью и спросил Его:

«Равви! мы знаем, что Ты учитель, пришедший от Бога; ибо таких чудес, какие Ты творишь,

никто не может творить, если не будет с ним Бог» (Иоанна 3:2).

Бог любви ждет обращения Израиля

Почему большинство иудеев не признали Иисуса Христа? Измышленные ими условности предания затмили для них все остальное.

До встречи с Господом Иисусом Павел твердо верил, что соблюдает закон и предание во всей полноте и тем самым служит Богу. Поэтому-то Он и не принимал Иисуса в качестве Спасителя, преследуя верующих в Него. После личной встречи с воскресшим Христом по пути в Дамаск его прежние верования разбились вдребезги, и он стал ревностным апостолом Господа Иисуса Христа. Он отдал свою жизнь за Господа.

Желание соблюдать закон есть неотъемлемая черта иудеев. Эта черта богоизбранного народа Израилева достойна величайшего уважения. Осознав истинную волю Божию, которая содержится в законе, они возлюбят Бога больше, чем какой-либо другой народ на Земле, и станут Его ревностными служителями.

Когда Бог вывел Израиль из Египта, Он дал им заповеди и законы через Моисея. Он обещал им, что если возлюбят Бога, совершат обрезание сердца и станут жить в соответствии с Его волей, то Он пребудет с ними и изольются на них чудесные благословения.

*«И сказал им: теперь мне сто двадцать лет,
я не могу уже выходить и входить, и Господь
сказал мне: "ты не перейдешь Иордан сей";
Господь Бог твой Сам пойдет пред тобою; Он
истребит народы сии от лица твоего, и ты
овладеешь ими; Иисус пойдет пред тобою, как
говорил Господь; и поступит Господь с ними так
же, как Он поступил с Сигоном и Огом, царями
Аморрейскими, [которые были по эту сторону
Иордана,] и с землею их, которых он истребил;
и предаст их Господь вам, и вы поступите с
ними по всем заповедям, какие заповедал я вам;
будьте тверды и мужественны, не бойтесь, [не
ужасайтесь] и не страшитесь их, ибо Господь
Бог твой Сам пойдет с тобою [и] не отступит
от тебя и не оставит тебя. И призвал Моисей
Иисуса и пред очами всех Израильтян сказал
ему: будь тверд и мужествен, ибо ты войдешь
с народом сим в землю, которую Господь клялся
отцам его дать ему, и ты разделишь ее на
уделы ему; Господь Сам пойдет пред тобою,
Сам будет с тобою, не отступит от тебя
и не оставит тебя, не бойся и не ужасайся»*
(Второзаконие 30:2-8).

Как и обещал Бог Своему избранному народу в этих
стихах, Он собрал Израиль, рассеянный по миру, вернул

им обетованную землю спустя несколько тысяч лет и высоко поставил их среди других народов. Вместе с тем, Израиль не осознал всего величия любви Божией, явленной в распятии и в возделывании человечества. До сих пор народ Божий следует преданию старцев.

Бог любви искренне желает, чтобы Его народ оставил искаженную веру и стал истинным народом Божиим. Прежде всего следует с открытым сердцем принять Иисуса Христа, ниспосланного Богом в качестве Спасителя всего человечества, и принять прощение грехов. Затем необходимо осознать истинную волю Божию, явленную в законе, и исполнять слово Божие, совершая обрезание сердца, достигая полноты спасения

Я искренне молюсь за восстановление потерянного образа Божия народом Израилевым через веру, которая угодна Богу и которая соделывает человеков Его истинными детьми, обретающими обетованные благословения и славу вечной жизни на Небесах.

Купол Скалы, исламский монумент на храмовой горе в Иерусалиме

Глава 4

Смотри и слушай!

Приближение последнего времени

Библия дает четкое объяснение не только начала человеческой истории, но и ее завершения. В течение нескольких тысячелетий Бог с помощью Священного Писания сообщал людям о Своем промысле возделывания человечества. История берет свое начало с сотворения первочеловека Адама и завершится вторым пришествием Господа.

Который час показывают Божьи часы, отмеряющие ход человеческой истории? Сколько дней осталось до финального момента возделывания человечества? Для ответа на этот вопрос давайте обратимся к Божьему плану спасения Израиля.

Исполнение исторических пророчеств Библии

Библия содержит множество пророчеств, каждое из которых богодухновенно. Как сказано в Книге пророка Исаии 55:11: *«Так и слово Мое, которое исходит из уст Моих, – оно не возвращается ко Мне тщетным, но исполняет то, что Мне угодно, и совершает то, для чего Я послал его».* До сего момента пророчества Слова Божьего исполнялись в точности, так и будет происходить впредь.

История Израиля служит очевидным доказательством тому, что библейские пророчества безошибочны. История Израиля собственно и соответствует пророчествам Библии: четыре столетия пленения в Египте и исход; вход в обетованный Ханаан, где течет молоко и мед; раздел на два царства, Израиль и Иудею, и их последующее разрушение; Вавилонское пленение; возвращение Израиля; рождение Мессии и Его распятие; рассеяние Израиля по всему миру; возрождение Израиля в качестве независимого государства.

История человечества находится под контролем Всевышнего, и каждый раз перед тем, как совершить нечто важное, Бог сообщает людям об этом (Амос 3:7). Бог предупредил Ноя, праведника своего времени, о Великом Потопе, обрушившемся на Землю. Он сказал Аврааму, что города Содом и Гоморра будут уничтожены, и поведал пророку Даниилу и апостолу Иоанну о конце света.

Большинство библейских пророчеств уже исполнились, и на очереди исполнение пророчеств о Втором пришествии Господа и о событиях, которые будут ему предшествовать.

Знамения последнего времени

Не многие готовы поверить сегодня, что последние

времена близятся, независимо от приводимых свидетельств. Практически никто не желает и слышать об этом, считая саму мысль о конце света безумием. Они полагают, что восходы будут по-прежнему сменять закаты, люди будут рождаться и умирать, а цивилизации не будет конца.

Но вот что говорит Библия о конце времен: *«Прежде всего знайте, что в последние дни явятся наглые ругатели, поступающие по собственным своим похотям и говорящие: где обетование пришествия Его? Ибо с тех пор, как стали умирать отцы, от начала творения, всё остается так же»* (2 Петра 3:3-4).

Человек рождается, но приходит и время его смерти. Так же и человеческая история имеет не только начало, но и конец. Когда придет время, установленное Богом, все сущее в этом мире исчезнет.

«И восстанет в то время Михаил, князь великий, стоящий за сынов народа твоего; и наступит время тяжкое, какого не бывало с тех пор, как существуют люди, до сего времени; но спасутся в это время из народа твоего все, которые найдены будут записанными в книге. И многие из спящих в прахе земли пробудятся, одни для жизни вечной, другие на вечное поругание и посрамление. И разумные будут сиять, как светила на тверди, и обратившие многих к

*правде – как звезды, вовеки, навсегда. А ты,
Даниил, сокрой слова сии и запечатай книгу сию
до последнего времени; многие прочитают ее, и
умножится ведение» (Даниил 12:1-4).*

Через пророка Даниила Бог поведал людям о том, что
произойдет в последние дни. Некоторые считают, что
эти пророчества уже исполнились в прошлом. Однако
в полной мере они исполняться в последний период
истории человечества, соответствуя сказанному и в
Новом Завете.

Пророчество Даниила связано со вторым пришествием
Господа. Стих 1 гласит: *«И наступит время тяжкое,
какого не бывало с тех пор, как существуют люди, до
сего времени; но спасутся в это время из народа твоего
все, которые найдены будут записанными в книге».* Этот
отрывок проливает свет на период семилетней Великой
Скорби, предшествуя «собирающему спасению».

Стих 4 гласит: *«А ты, Даниил, сокрой слова сии и
запечатай книгу сию до последнего времени; многие
прочитают ее, и умножится ведение».* Здесь определено
происходящее в наши дни. Можно видеть, что
пророчества Даниила касаются не разрушения Израиля,
которое произошла в 70 г. н.э., а знамений последних
дней.

Иисус в деталях поведал Своим ученикам о

знамениях последних дней. В Евангелии от Матфея 24 Он говорит: *«Также услышите о войнах и о военных слухах. Смотрите, не ужасайтесь, ибо надлежит всему тому быть, но это еще не конец: ибо восстанет народ на народ, и царство на царство; и будут глады, моры и землетрясения по местам; всё же это – начало болезней. Тогда будут предавать вас на мучения и убивать вас; и вы будете ненавидимы всеми народами за имя Мое; и тогда соблазнятся многие, и друг друга будут предавать, и возненавидят друг друга; и многие лжепророки восстанут, и прельстят многих; и, по причине умножения беззакония, во многих охладеет любовь».*

Каково сегодняшнее положение в мире? Новости и слухи о войнах и террористических актах множатся с каждым днем. Страны восстают на страны. Голод и землетрясения уносят все больше жизней. Происходит множество природных катаклизмов, в том числе связанных с изменением климата. Кроме того, беззаконие становится нормой по всему миру, грехи и зло завладевают людьми, а любовь людская охладевает.

О том же говорится во 2-ом Послании Тимофею:

«Знай же, что в последние дни наступят времена тяжкие. Ибо люди будут самолюбивы, сребролюбивы, горды, надменны, злоречивы, родителям непокорны, неблагодарны,

нечестивы, недружелюбны, непримирительны, клеветники, невоздержны, жестоки, не любящие добра, предатели, наглы, напыщенны, более сластолюбивы, нежели боголюбивы, имеющие вид благочестия, силы же его отрекшиеся. Таковых удаляйся» (2 Тимофею 3:1-5).

Благое более не привлекает людей, любящих злато и похоть. Они ищут лишь своей выгоды и совершают чудовищные преступления, убивая себе подобных без малейшего колебания и укора совести. Подобное происходит настолько часто, что сердца людей очерствели, и большинство стало безразличными. Когда видишь все это, не трудно убедиться в приближении последних дней.

Даже история Израиля содержит знамения конца света и Второго пришествия Господа.

Евангелие от Матфея 24:32-33 гласит: *«От смоковницы возьмите подобие: когда ветви ее становятся уже мягки и пускают листья, то знаете, что близко лето; так, когда вы увидите всё сие, знайте, что близко, при дверях».*

«Смоковница» здесь обозначает Израиль. Дерево кажется мертвым зимой, но стоит придти весне, почки набухают, и листья на нем опять раскрываются. Схожим образом, после поражения в 70 г., Израиль, казалось бы, практически утратил свое существование, обретя независимость только 14 мая 1948 г.

Более важно, что создание независимого израильского государства обозначает близкое пришествие Христа. Поэтому Израиль должен понять, что Мессия, Которого он до сих пор ждет, явил Себя этому миру еще две тысячи лет назад, и что Спаситель Иисус вскоре придет на Землю судить живых и мертвых.

Что произойдет с нами, живущими в последние времена, согласно библейским пророчествам?

Сошествие Господа с неба и восхищение спасенных

Около двух тысячелетий тому назад Иисус был распят и воскрес на третий день, сокрушив смерть, после чего вознесся на небо при стечении народа.

Ученикам было сказано: *«Мужи Галилейские! что вы стоите и смотрите на небо? Сей Иисус, вознесшийся от вас на небо, придет таким же образом, как вы видели Его восходящим на небо»* (Деяния 1:11).

Господь Иисус открыл человечеству врата спасения через Свое распятие и воскресение и затем вознесся на небо, где сидит одесную Бога и готовит небесные обители спасенным. Когда закончится история человечества, Он придет снова, чтобы забрать нас. Второе пришествие Христа хорошо описано в 1-ом

Послании Фессалоникийцам 4:16-17:

> *«Потому что Сам Господь при возвещении, при гласе Архангела и трубе Божией, сойдет с неба, и мертвые во Христе воскреснут прежде; потом мы, оставшиеся в живых, вместе с ними восхищены будем на облаках в сретение Господу на воздухе, и так всегда с Господом будем».*

Как величественна сцена сошествия Господа с неба в славе бесчисленных ангелов и сил небесных! Спасенные обретут нетленные духовные тела, встретят Господа в небе и станут гостями на семилетнем свадебном пиру у Господа – нашего предвечного Жениха.

Спасенные восхитятся на облаках и встретятся с Господом, что и названо в Библии «восхищением». Царство на облаках – это часть второго неба, которое Бог подготовил для семилетнего Брачного пира.

Бог разделил духовное царство, и второе небо – одно из них. Второе небо тоже разделено на две части – Эдем, мир света, и мир тьмы. В мире света есть особое пространство, выделенное для проведения семилетнего Брачного пира.

Получившие веру ко спасению в мире, полном греха и зла, возьмутся на воздух как невесты Господа на встречу с Ним для участия в Брачном пире.

Смотри и слушай!

«Возрадуемся и возвеселимся и воздадим Ему славу; ибо наступил брак Агнца, и жена Его приготовила себя. И дано было ей облечься в виссон чистый и светлый; виссон же есть праведность святых. И сказал мне Ангел: напиши: блаженны званые на брачную вечерю Агнца. И сказал мне: сии суть истинные слова Божии» (Откровение 19:7-9).

За все страдания, которые им пришлось перенести, пока они были в этом мире, взятые на воздух утешатся на семилетнем Брачном пире вместе с Господом. А оставшиеся на земле будут в невообразимых скорбях, которые принесут с собой злые духи, изгнанные на землю во Второе пришествие Господа.

Семь лет Великой Скорби

Пока на воздухе спасенные празднуют 7 лет Брачного пира и мечтают о счастливой вечной жизни, земля и все живое на ней оказываются в жесточайших бедствиях, которые только может себе представить человечество за всю свою историю.

Как начнется семилетний период Великой Скорби? Господь вернется на облаке и очень многие будут восхищены одновременно. На земле будет царить паника, так как оставшиеся не будут находить членов своей семьи, друзей, соседей.

Они осознают, что Восхищение Церкви, о котором говорили христиане, состоялось. Люди ощутят ужас от одной мысли от приближении семилетнего периода Великой Скорби. Людьми овладеет тревога, чувство беззащитности, паника. Во время Восхищения Церкви верующие будут забираться из автомобилей, самолетов, судов, поездов и других транспортных средств. Вследствие этого произойдет много аварий, столкновений, пожаров, здания будут рушиться, мир наполнится хаосом и беспорядком.

В это время появится человек, который принесет мир и наведет порядок во всем мире. Это президент Европейского союза (ЕС). Он соберет воедино политические, экономические и военные силы и при помощи объединенных сил наведет в мире порядок, установит стабильность в мировом сообществе. Очень многие будут рады его появлению на мировой арене; его встретят с энтузиазмом, будут поддерживать и активно ему помогать.

Это будет антихрист, о котором пишет Библия. Он возглавит 7-ми летний период Великой скорби, но некоторое время будет вести себя как «посланник мира». И в самом деле, антихрист принесет мир и порядок народам на ранней стадии 7-ми летнего периода Великой Скорби. Средство, которое он будет использовать для установления мира, – это знак зверя «666», о котором тоже написано в Библии.

Смотри и слушай!

*«И он сделает то, что всем, малым и
великим, богатым и нищим, свободным и рабам,
положено будет начертание на правую руку
их или на чело их, и что никому нельзя будет ни
покупать, ни продавать, кроме того, кто имеет
это начертание, или имя зверя, или число имени
его. Здесь мудрость. Кто имеет ум, тот сочти
число зверя, ибо это число человеческое; число
его шестьсот шестьдесят шесть»* (Откровение
13:16-18).

Что такое число зверя?

Зверь – это компьютерные технологии. ЕС развернет
свои структуры с помощью компьютера. Каждый
человек будет помечен компьютерным штрихкодом
на правой руке и лбу. Штрихкод – это отметина зверя.
Всевозможные персональные данные будут умещены
на штрихкоде, имплантированном в человеческое тело.
Благодаря этой технологии компьютеры ЕС смогут
отслеживать, инспектировать и контролировать частную
жизнь каждого.

Современные кредитные карты и удостоверения
личности будут заменены знаком зверя, числом 666, и
люди смогут обходиться без наличных денег. По причине
«удобства» и «безопасности» эта технология быстро
распространиться по всему миру, и без нее никто не
сможет удостоверить собственную личность, совершить

покупку или продажу чего-либо.

С начала Семи лет Великой Скорби люди будут отмечены знаком зверя, однако не насильно, а в добровольном, рекомендованном порядке, – до тех, пор, пока структуры ЕС твердо не встанут на ноги. После завершения первой половины периода Великой Скорби работа организации наладится, и тогда ЕС начнет заставлять людей принимать знак зверя, не прощая отказников. Таким образом ЕС крепко привяжет людей к своим структурам и сможет смело манипулировать ими.

Те, кто останется еще в живых по завершению Семи лет Великой Скорби, будут отданы в руки антихриста и правительства зверя. Антихрист, являясь эмиссаром врага-дьявола, с помощью ЕС заставит людей покуситься на Самого Бога, введет их на путь зла, неправды, греха и разрушения.

Но не все люди подчинятся власти антихриста. Это будут верующие в Бога, но не восхищенные на небо во Второе Пришествие по причине слабости веры.

Некоторые из них когда-то приняли Господа и жили в славе Божией, но затем потеряли благодать и вернулись в мир, а другие исповедывали веру во Христа и посещали церковь, но жили мирскими соблазнами, не обладая истинной духовной верой. Будут еще и те, кто только что принял Господа Иисуса Христа, и иудеи, пробудившиеся от духовного сна благодаря вознесению.

Став свидетелями вознесения, они поймут, что все слова и Ветхого и Нового Завета правдивы, и наполнится земля их стенаниями. Их одолеет великий страх, они покаются в том, что не жили по воле Божией, и попытаются найти спасение.

> «И третий Ангел последовал за ними, говоря громким голосом: кто поклоняется зверю и образу его и принимает начертание на чело свое, или на руку свою, тот будет пить вино ярости Божией, вино цельное, приготовленное в чаше гнева Его, и будет мучим в огне и сере пред святыми Ангелами и пред Агнцем; и дым мучения их будет восходить во веки веков, и не будут иметь покоя ни днем, ни ночью поклоняющиеся зверю и образу его и принимающие начертание имени его. Здесь терпение святых, соблюдающих заповеди Божии и веру в Иисуса» (Откровение 14:9-12).

Отмеченный знаком зверя вынужден подчиняться антихристу, врагу Божию. Поэтому Библия настоятельно подчеркивает, что получивший знак зверя не обретает спасения. Во времена Великой Скорби знающие это будут всячески избегать знака зверя, чтобы продемонстрировать свою веру.

Личность антихриста станет общеизвестна. Он будет называть преступной любую оппозицию и всех, кто откажется получить отметину зверя. В качестве «противников социальной стабильности» они подвергнутся жестоким репрессиям. Антихрист заставит их отречься от Иисуса Христа и принять знак зверя. Мученическая смерть постигнет непокорных.

Мученическое спасение непокорных

Мучения, которые постигнут несогласных с антихристом во время Семи лет Великой Скорби, невообразимо суровы. Немногие смогут принять их, немногие смогут вынести их и воспользоваться последней возможностью спасения. Некоторые скажут себе: «Я не оставляю свою веру в Господа. Я верю в Него своим сердцем. Но мучения столь велики, что я отрицаю веру в Господа лишь своими устами. Бог поймет и простит меня». И затем примут знак зверя. Но такие не будут спасены.

Несколько лет тому назад я молился, и Бог явил мне видение последних мучений верующих во времена Великой Скорби. Это было ужасное зрелище! С мучеников снимали кожу, переламывали кости, отсекали пальцы рук и ног, обваривали в кипящем масле.

Во время II Мировой войны нацисты проводили чудовищные «медицинские» опыты над людьми. И даже их изуверства не могут сравниться с тем, что предстоит во время Семи лет Великой Скорби. После вознесения церкви антихрист, эмиссар врага-дьявола, будет править миром без всякого сострадания к кому-либо вообще.

Враг-дьявол и силы антихриста будут всячески убеждать людей отказаться от Иисуса, чтобы низвергнуть их в ад. Верующих будут пытать, искусно растягивая их мученическую смерть с помощью изощренных методов умерщвления. Всевозможные пытки и хитроумные методы повергнут верующих в панику. Но наиболее ужасные страдания еще только грядут.

Мученики возжелают быстрой смерти, но не обретут ее. Антихрист не облегчит их мучения; они же будут знать, что самоубийством не достигнуть спасения.

В видении Бог мне открыл, что большинство мучеников не перенесут пыток и подчинятся антихристу. Поначалу им хватит воли сопротивляться пыткам, но когда увидят, что то же творят с их детьми и родителями, они перестанут упорствовать и примут власть антихриста, получив знак зверя.

Среди мучеников будет немного людей, которые благодаря правдивым и верным сердцам устоят и перед пытками, и перед искушениями антихриста, и погибнут истинной смертью страстотерпцев. Те, кто сохранит свою веру несмотря на пытки во времена Великой Скорби, будут участвовать в торжестве спасения.

Спасение от грядущего возмездия

Когда началась II Мировая война, евреи, мирно жившие на территории Германии, не могли и представить себе, что грядет такое чудовищное злодеяние, как уничтожение шести миллионов. Никто не мог вообразить или предвидеть, что Германия, где имелись условия для мирного и относительно стабильного существования, внезапно превратится в сосредоточение зла.

Не зная в то время о своем будущем, евреи были беспомощны и не смогли избежать великих страданий. Бог желает, чтобы народ избранный не пострадал от грядущей вскоре катастрофы. Поэтому он детально описал конец света в Библии и послал людей Божиих, дабы те предупредили Израиль о приближающемся возмездии и пробудили его.

Самое важное для Израиля – знать, что катастрофу возмездия не предотвратить, не устраниться от нее. Вместо этого Израиль окажется в центре событий Великой Скорби. Я желаю, чтобы вы поняли, что возмездие грядет скоро, грядет внезапно, как вор, которого никто не ждет. Каждый, желающий избежать чудовищной катастрофы, должен воспрянуть от духовного сна.

Смотри и слушай!

Ныне надлежит Израилю проснуться ото сна! Израиль должен принести покаяние в том, что не признал Мессию, и принять Иисуса Христа в качестве Спасителя человечества, обрести истинную веру, которую желает от него Бог. Тогда он в радости вознесется, когда Господь вернется на воздухе.

Призываю вас помнить, что антихрист явится как посланник мира, подобно Германии до начала II Мировой войны. Он будет предлагать мир и комфорт, а затем быстро и неожиданно станет великой силой, крепнущей и ныне, и принесет невообразимое страдание и катастрофы.

Десять пальцев ног

В Библии много пророчеств о будущем. Великие пророки Ветхого Завета предсказывали будущие события не только Израиля, но и всего мира. Как вы думаете, по какой причине? Избранный Богом народ был, есть и будет центром истории человечества.

Большой истукан из пророчества Даниила

Книга пророка Даниила дает пророчества не только о будущем Израиля, но и о том, что произойдет в мире в последние дни в связи с Израилем. Во второй главе книги в стихах 31-33 Даниил, по вдохновению от Бога, толкует сон царя Навуходоносора. Толкование этого сна является также пророчеством того, что произойдет перед концом света.

«Тебе, царь, было такое видение: вот, какой-то большой истукан; огромный был этот истукан, в чрезвычайном блеске стоял он пред тобою, и страшен был вид его. У этого истукана голова была из чистого золота, грудь его и руки его - из серебра, чрево его и бедра его медные, голени его железные, ноги его частью железные, частью

Смотри и слушай!

глиняные» (Даниил 2:31-33).

Какое пророчество о мировой ситуации в последние времена содержится в этих стихах?

«Большой истукан», который увидел во сне царь Навуходоносор, – это ни что иное как ЕС. Мир сейчас контролируют две силы – Соединенные Штаты Америки и Европейский Союз. Конечно, такие страны, как Россия и Китай, оказывают определенное влияние на мировую политику, и их нельзя игнорировать. Однако США и ЕС обладают наиболее мощными экономиками и вооруженными силами.

Сейчас может показаться, что ЕС несколько уступает по силе США, но он постоянно расширяется. Уже никто сегодня не сомневается в этом. До настоящего времени США были единственной сверхдержавой, но постепенно ЕС обретает силу, по сути, вытесняя США.

Еще несколько лет тому назад никто и представить себе не мог, что страны Европы смогут объединиться и создать единое правительство. Конечно, речь о некотором объединении шла уже давно, однако и в самых смелых прогнозах не говорилось, что европейские страны преодолеют национальное самосознание, откажутся от национальных валют, практически перейдут на один язык и справятся со многими другими препятствиями на пути создания единой политической структуры.

В начале 1980-х годов лидеры европейских стран начали серьезно обсуждать объединение, руководствуясь чисто экономическими интересами. Во времена «холодной войны», главным образом, военная сила позволяла доминировать в мире, однако после ее завершения власть оказалась в руках стран, развитых в экономическом плане.

Чтобы подготовиться к этому, страны Европы предприняли успешную попытку экономического объединения. Единственное, что остается проделать сегодня, – объединение политическое, создание единого правительства, и движение к этой цели идет полным ходом.

«Истукан», стоявший в «чрезвычайном блеске», о котором говорится в Даниила 2:31, является пророчеством об усилении ЕС. Здесь говорится о будущей мощи и влиянии объединенной Европы.

ЕС станет сверхдержавой

Каким способом ЕС войдет в ранг сверхдержавы? В книге Даниила 2:32 описывается восхождение ЕС с помощью образа истукана: головы, груди, рук, чрева, бедер, ног и голеней.

Во-первых, стих 32 гласит, что *«у этого истукана голова была из чистого золота»*. Это значит, что экономическая ситуация в странах Европы будет продолжать улучшаться, и ЕС достигнет власти с помощью капитала. Согласно данному пророчеству, ЕС пожнет великие плоды экономического объединения.

Далее, в том же стихе сказано об «истукане»: *«Грудь его и руки его – из серебра».* Это символизирует кажущееся единство ЕС в социальном, культурном и политическом планах. Когда будет избран президент ЕС, тем самым будет завершена политическая унификация Европы. Вместе с тем, при отсутствии политического единства каждая страна ЕС будет искать свою экономическую выгоду.

Далее говорится, что «чрево и бедра» истукана «медные». Это обозначает военное объединение Европы. Каждая страна ЕС желает достигнуть экономической мощи. Военный блок европейских стран также будет базироваться на чисто экономических соображениях, которые являются приоритетными для ЕС. Для того, чтобы контролировать международную политику с помощью финансовых механизмов, требуется единство как в социальном, культурном и политическом аспектах, так и в военной сфере.

Наконец, сказано о «железных голенях». Это означает еще одну опору ЕС – религиозное единообразие. Еще на ранних стадиях становления ЕС провозгласит католичество в качестве государственной религии.

Католическая церковь восстановит могущество и станет механизмом поддержания целостности ЕС.

Духовное значение «десяти пальцев»

Достигнув экономического, политического, общественно-культурного и военного объединения, ЕС станет щеголять своим единством и силой, но постепенно дадут о себе знать признаки раскола и разлада.

Поначалу страны ЕС объединятся ради экономической взаимовыгоды. Однако со временем начнут проявляться социальные, культурные, политические и идеологические разногласия между ними. Появятся различные признаки взаимного недовольства. Наконец вспыхнет религиозный конфликт – распря между католиками и протестантами.

В Даниила 2:33 сказано об истукане: *«Ноги его частью железные, частью глиняные»*. Здесь речь идет о пальцах на ногах истукана – некоторые сделаны из железа, а некоторые – из глины. Однако говорится не о десяти странах ЕС, а лишь о пяти типичных католических странах и пяти протестантских.

Подобно тому, как невозможно смешать глину и железо, католические и протестантские страны невозможно полностью объединить. Гонителей нельзя объединить с гонимыми.

По мере роста недовольства среди стран ЕС, будет все больше ощущаться необходимость в религиозном единстве, и католичество в некоторых странах станет претендовать на главенствующую роль.

Таким образом, ЕС создан в последние времена с экономическими целями, и вскоре обретет невиданную силу. Позже ЕС выработает религиозное единство с опорой на католичество и станет еще сильнее, и вот, наконец, ЕС явит себя в качестве «истукана».

Истукан – это объект бездумного массового поклонения. В этом смысле ЕС будет водительствовать миром, править им, подобно могущественному идолу.

Третья мировая война и ЕС

Как было сказано выше, когда наш Господь придет в воздухе в конце времен, бесчисленное множество верующих одновременно вознесутся на небо и последует великая смута на земле. Между тем, ЕС воспользуется мировой сумятицей и быстро достигнет мирового господства якобы во имя мира. Но вскоре ЕС бросит вызов Господу и ввергнет мир в период Семи лет Великой Скорби.

Позже ЕС постигнет распад, так как каждая европейская страна стремится к собственной выгоде. Это произойдет посреди Семи лет Великой Скорби, согласно пророчеству в двенадцатой главе Книги Даниила, и повлияет на историю как Израиля, так и всего мира.

В начале Семи лет Великой Скорби ЕС стяжает великую власть и могущество. Будет избран единый президент Союза. Это произойдет сразу же после того, как принявшие Иисуса Христа в качестве Спасителя получат право называться детьми Божиими и вознесутся на небо во время Второго пришествия Господа.

Большинство иудеев, не принявших Иисуса как Спасителя, останутся на земле и будут обречены на мучения во время Семи лет Великой Скорби. Их страдания и унижения невозможно описать словами. Мир потрясут сокрушительные катастрофы, войны, убийства, репрессии, голод и волнения, превосходящие все виденное людьми прежде.

Начало семилетнего периода ознаменуется в Израиле войной со странами Ближнего Востока. Противостояние Израиля с остальными странами этого региона имеет давнюю историю, а пограничные конфликты, по сути, никогда не прекращались. В будущем напряженность будет только расти. Грядет большая война, в которой примут участие великие державы, нуждающиеся в нефти. Они неминуемо перессорятся между собой по причине соображений престижа и желания главенствовать в международных делах.

Смотри и слушай!

США традиционно являются союзником Израиля и издавна оказывают ему поддержку. ЕС, находясь в противостоянии США, Китаю и России, попытается привлечь на свою сторону Ближний Восток, после чего начнется III Мировая война.

Эта война будет существенно отличаться от II Мировой войны по своим масштабам. В результате той бойни погибло около 50 млн. человек по всему миру. Мощь современного оружия массового уничтожения, атомного, химического и биологического, несравнима с вооружением середины XX в., поэтому результаты его применения будут несоизмеримо более чудовищными.

Все виды вооружений, включая ядерные, будут применяться враждующими государствами немилосердно. Это повлечет чудовищные жертвы и катастрофические разрушения. Результаты бойни будут таковы, что целые государства исчезнут с лица земли, а другие впадут в беспрецедентный экономический кризис. Но и это не положит конец войне. Ядерные взрывы нанесут непоправимый ущерб экологии и мировому климату. Все это превратит нашу планету в истинный ад.

В определенный момент страны введут запрет на применение ядерного оружия, так как человечество окажется на грани полного уничтожения. Однако война будет продолжаться всеми другими средствами с привлечением все большего числа армий. США, Россия и Китай падут и не смогут восстановиться. Та же участь постигнет большинство стран по всему миру, но ЕС удастся избежать катастрофического поражения. ЕС пообещает поддержку Китаю и России в войне против США, но всяческими уловками уклонится от прямого участия в военных действиях.

Когда такие державы, как США, будут истощены войной и потеряют влияние, завлекаемые все глубже в водоворот чудовищной бойни, ЕС окажется единственной мощной международной структурой. Это откроет Европе путь к мировому владычеству. Поначалу ЕС будет просто наблюдать за тем, как народы истребляют друг друга, а когда страны потеряют экономическую и военную силу, Союз выдвинется и начнет наводить порядок. Остальным странам придется подчиниться решениям ЕС, потому что у них просто не будет другого выбора.

Так откроется вторая половина Семи лет Великой Скорби. В течение трех с половиной лет антихрист, верховный правитель ЕС, получит власть над всем миром и установит культ собственной личности. Он будет преследовать и уничтожать любую оппозицию своей неограниченной власти.

Истинная природа разоблаченного антихриста и Израиль

На ранних этапах III Мировой войны несколько стран

пострадают больше других. ЕС через Китай и Россию пообещает оказать им экономическую помощь. Израиль будет принесен в жертву на алтаре войны, поэтому ЕС в качестве компенсации обяжется восстановить храм Божий, столь давно желанный Израилем. Умиротворенный Европой Израиль возликует, ожидая исполнения давней мечты и возвращения Божьих благословений. В результате Израиль встанет на сторону ЕС.

Из-за поддержки Израиля президент ЕС будет провозглашен «спасителем иудеев». Затянувшаяся война на Ближнем Востоке, кажется, подойдет к концу, Святая Земля будет восстановлена, а храм отстроен заново. Иудеи уверуют, что их долгожданный Мессия и Царь наконец-то явился на землю, чтобы полностью возродить и прославить их.

Но радостное ожидание скоро закончится. С завершением строительства Иерусалимского храма произойдет нечто непредвиденное. Об этом пророчески говорит Книга Даниила.

«И утвердит завет для многих одна седмина, а в половине седмины прекратится жертва и приношение, и на крыле святилища будет мерзость запустения, и окончательная предопределенная гибель постигнет» (Даниил 9:27).

«И поставлена будет им часть войска, которая осквернит святилище могущества, и прекратит ежедневную жертву, и поставит мерзость запустения» (Даниил 11:31).

«Со времени прекращения ежедневной жертвы и поставления мерзости запустения пройдет тысяча двести девяносто дней» (Даниил 12:11).

Три стиха отсылают к одному и тому же эпизоду. Он произойдет в конце времени и о нем говорил Иисус.

В Матфея 24:15-16 Он произнес: *«Итак, когда увидите мерзость запустения, реченную через пророка Даниила, стоящую на святом месте, – читающий да разумеет, – тогда находящиеся в Иудее да бегут в горы».*

Сначала иудеи поверят, что ЕС восстановил истинный Храм Божий в Святой Земле, но когда в святилище придет мерзость запустения, они с отвращением осознают, что над их верой надругались. Они поймут, что ошибочно отвернулись от Христа и что именно Он – Мессия и Спаситель человечества.

Именно поэтому ныне надлежит Израилю пробудиться. Если не воспрянет Израиль ото сна, то не узрит истину вовремя. Позднее прозрение не вернет безвозвратно потерянной возможности.

Смотри и слушай!

Посему искренне желаю тебе, Израиль, пробудиться, устоять перед искушением антихриста и вовремя отречься от знака зверя. Если соблазнительные речи антихриста обманут тебя, ведь он будет обещать тебе мир и благополучие, и получишь знак зверя, 666, вступишь на путь вечной погибели, откуда нет возврата.

Более прискорбно то, что лишь после разоблачения зверя, как и пророчествовал Даниил, многие иудеи поймут, что уверовали в обман. С помощью этой книги я надеюсь повлиять на вас, чтобы вы признали Богоданного Мессию и избежали Семи лет Великой Скорби.

Потому, как я уже говорил выше, должно принять Христа Иисуса и перейти в веру истинную, Божию. Иного спасения от Семи лет Великой Скорби не дано.

Какой несправедливостью будет, если Израиль не вознесется с церковью на небо во Второе пришествие Господа! Но, к счастью, будет вам еще один шанс ко спасению.

Истово призываю вас и прошу принять Иисуса Христа ныне, жить в общении с братьями и сестрами во Христе. Но и сейчас еще не поздно узнать вам через Библию и эту книгу, как сможете пронести веру через Семь лет Великой Скорби, и о последней возможности спасения, уготованной вам Богом.

Неугасающая любовь Бога

Бог выполнил Свое обетование спасения человечества через Иисуса Христа. Независимо от расы и национальности всякий, верующий во Христа как Спасителя и исполняющий волю Божию, имеет право зваться чадом Божиим и вознагражден даром вечной жизни.

Но что же произошло с Израилем и богоизбранным народом? Многие из иудеев не приняли Иисуса Христа и далеки от пути спасения. С великим сожалением приходится признавать, что не ведают о спасении через Христа и поймут это только во Второе пришествие Господа в воздухе, когда вознесутся чада Его!

Какая участь постигнет Богоизбранный Израиль? Неужели он не попадет на праздник спасенных детей Божиих? Бог любви приготовил изумительный план для Израиля в последний момент человеческой истории.

«Бог не человек, чтоб Ему лгать, и не сын человеческий, чтоб Ему изменяться. Он ли скажет и не сделает? будет говорить и не исполнит?» (Числа 23:19).

Каково провидение Божие для Израиля в последние

дни? Бог желает, чтобы Израиль осознал, что распятый им Иисус и есть долгожданный Мессия, чтобы искренне покаялся в грехах перед Богом и обрел спасение. Но существует также и путь «Собирающего спасения».

Собирающее спасение

Во время Семи лет Великой Скорби, видя возносящихся на небо верующих, многие оставшиеся на земле люди сердечно уверуют в существование ада и рая, в Бога Живого и в Иисуса Христа, нашего единственного Спасителя. Более того, они попытаются избежать клейма зверя. После восхищения они внутренне преобразятся, примутся читать Слово Божие, Библию, придут воедино и будут поклоняться Богу, пытаясь жить по Его Слову.

В начале периода Великой Скорби многие люди еще смогут вести праведный образ жизни и даже приводить ко Христу других, так как организованных гонений еще не будет. Они не получат знак зверя, зная, что иначе не обретут спасение. Они будут изо всех сил стараться жить достойной жизнью, дабы им обрести спасение даже во времена Великой Скорби. Но все сложнее будет им сохранить веру, ведь Святой Дух оставит этот мир.

Многие из них прольют немало слез, так как не будет у них священников, могущих вести службу и укреплять веру. Им придется сохранять веру без силы и защиты Божией. Они будут скорбеть, сожалея, что не последовали учению Слова Божия, хотя их и призывали принять Христа и жить праведно. Им придется хранить веру вопреки всевозможным испытаниям и мирским преследованиям, и будет сложно им найти истинное Слово Божие.

Некоторые из них найдут убежище в глубоких и тайных пещерах, дабы оградить себя от числа зверя – 666. Им придется питаться кореньями, плодами земли и дикими зверями, потому что без числа зверя не смогут ничего ни купить, ни продать. Но во время второй половины Семи лет Великой Скорби, в течение трех с половиной лет, антихристовы каратели будут выискивать и уничтожать верующих. И не важно, как далеко они будут скрываться, каратели их настигнут.

Правительство антихриста найдет тех, кто не отмечен числом зверя, и принудит их отречься от Господа и получить отметину с помощью чудовищных пыток. Наконец многие из них сдадутся. Из-за невыносимых страданий и ужаса у них не будет другого выбора, кроме как получить знак зверя.

Каратели будут подвешивать их без одежды на стены, ранить их тела, снимать кожу заживо. На их глазах будут мучить их же детей. Пытки будут неописуемо жестокими, поэтому трудно будет умереть мученической смертью.

Лишь немногие, вынесшие пытки колоссальным, сверхчеловеческим напряжение воли, умрут мученической смертью, обретут спасение и попадут на небо. Таким образом, некоторые люди будут спасены по вере, ибо не предадут Господа. Они принесут свои жизни в жертву Ему и станут мучениками во время Великой Скорби. Это и называется «собирающее спасение».

Бог тайно уготовил собирающее спасение Израиля. Он ниспошлет двух свидетелей и обитель, называющуюся Петра.

Явление и служение двух свидетелей

В Откровении 11:3 говорится: *«И дам двум свидетелям Моим, и они будут пророчествовать тысячу двести шестьдесят дней, будучи облечены во вретище»*. Двумя свидетелями являются те самые люди, которых Бог уготовил предвечно для спасения богоизбранного Израиля. Они засвидетельствуют иудеям в Израиле, что Иисус Христос – единственный Мессия, о Котором пророчествовал Ветхий Завет.

Бог говорил со мной о двух свидетелях. Он сообщил мне, что они не преклонных лет, что они праведники, что у них честные сердца. Он сказал мне, о чем будет свидетельствовать пред Богом один из них. Этот свидетель будет верующим иудеем, много слышавшим о Христе, почитаемом в качестве Спасителя христианами. Он обратится к Богу с молитвой, желая разглядеть истину. Молиться он будет так:

Пробудись, Израиль!

«Боже! Почему опечалено сердце мое?
С детства я искренне верил в ученье отцов
и в слышанное мной от них.
Но сердце вновь наполнилось печалью.
Скажи, о Боже, почему?

Многие говорят и учат о Мессии.
Свидетельства дают о Нем.
Где истина, где ложь, скажи!
Во что мне верить?
В родителей ученье?
Если бы Ты мог явить мне правду,
Истину помочь постичь,
Я бы возрадовался и возблагодарит Тебя.
Я слеп и несведущ.
Если поверю в то, что говорят люди,
то все, чему меня учили в детстве,
потеряет смысл и значение.
Мне придется заново осмыслить правду
и признать ученье тщетой.
Какова воля Твоя?

Отче Боже!
Ты всесилен.
Ты устроитель всего.
И Ты можешь разъяснить все.
Если Ты позволишь, яви мне правду воочию.
Дай мне знать точно.
Дай мне уверенность в правде.

Смотри и слушай!

Когда я посмотрю на небеса,
яви мне вестника,
который снимет мои сомнения.
Я ведь не могу оставить все, во что верил.
Я не из тех, кто отказывается от веры,
от ученья до тех пор, пока не получу
доказательств истины.

Боже, яви мне, истинно яви мне правду,
дай ее понять.
Отче Боже!
Яви ее мне!
Просвети меня Своей правдой...
Пробуди меня!

Опечалено сердце мое обо многом,
но я искренне верю
в правдивость слышанного мною.
Но каждый раз, когда ищу ответы тщетно,
Все больше новых появляется вопросов.
Почему неутолима жажда правды?

Ведь лишь тогда, когда увижу четко,
когда удостоверюсь я во всем,
найду тогда успокоенье, отцов не предав веру.
И если вновь развею я сомненья,
и если я ответы обрету,
узнав всю правду о Мессии,
тогда смогу я обрести покой».

Два свидетеля-иудея, искренне желающие найти правду, получат ответ от Бога – Божьего посланника. Благодаря этому посланнику они поймут Божие провидение взращивания человечества и примут Иисуса Христа. Они останутся на Земле во время Семи лет Великой Скорби и будут служить ради спасения Израиля. Бог наделит их особой благодатью, и они засвидетельствуют Израилю об Иисусе Христе.

Они явятся, облеченные властью от Бога, и будут служить 42 месяца, как сказано в Откровении 11:2. Два свидетеля придут из Израиля, потому что начало и конец Благой Вести пребывает в Израиле. Благую Весть начал распространять по миру апостол Павел. Ныне же Благая Весть вернется в Израиль, откуда вышла, и так завершится дело благовестия.

Иисус сказал в Деяниях 1:8: *«Вы примете силу, когда сойдет на вас Дух Святый; и будете Мне свидетелями в Иерусалиме и во всей Иудее и Самарии и даже до края земли».* «Край земли» здесь обозначает Израиль – конечное назначение Благой Вести.

Два свидетеля будут проповедовать слово о кресте иудеям, объясняя путь спасения с пламенной силой Божией. Они совершат великие чудеса и знамения в подтверждение Благой Вести. Им будет дарована сила прекращать дожди во время пророческого служения, они смогут по своему усмотрению превращать воду в кровь и насылать моры.

В результате их служения многие иудеи вернуться к Господу, а другие попытаются предать смерти свидетелей. Не только злонамеренные иудеи, но и многие недобрые люди из других стран, подчиненных антихристом, черной ненавистью возненавидят двух свидетелей и возжелают их смерти.

Мученичество и воскресение двух свидетелей

Власть, данная двум свидетелям, будет столь велика, что никто не посмеет покуситься на них. В конце концов правительство распорядится об их убийстве. Однако двое свидетелей примут смерть не по причине силы правительства, а потому что Бог уготовал им быть истязаемыми и убитыми в отмеренное время. Они примут мученическую смерть именно там, где был распят Иисус, что подразумевает их последующее воскресение.

Когда Иисус был распят, римские легионеры охраняли Его могилу, чтобы никто не выкрал Его тело. Но могила оказалась пуста, ибо Он воскрес. Убийцы двух свидетелей будут помнить об этом. Они выставят мертвые тела свидетелей на всеобщее обозрение посреди паперти, чтобы все люди могли видеть убиенных. Убийцы и злые люди, лишенные стыда и совести, обезумевшие от ненависти к Благой Вести, проповедуемой двумя свидетелями, премного возрадуются их смерти.

Весь мир будет торжествовать и радоваться, новость об их смерти за три с половиной дня разнесется по всей Земле, достигнет самых отдаленных краев. По истечении трех с половиной дней два свидетеля воскреснут. Они сделаются живыми, поднимутся на облаке славы и вознесутся на небо, подобно Илии на колеснице огненной. Это удивительное зрелище будет показано по телевидению по всему миру – на обозрение великого множества людей.

В тот же час произойдет великое землетрясение, сгинет десятая часть града, и будут унесены жизни семи тысяч человек. Откровение 11:3-13 так описывает эти события:

«И дам двум свидетелям Моим, и они будут пророчествовать тысячу двести шестьдесят дней, будучи облечены во вретище. Это суть две маслины и два светильника, стоящие пред Богом земли. И если кто захочет их обидеть, то огонь выйдет из уст их и пожрет врагов их; если кто захочет их обидеть, тому надлежит быть убиту. Они имеют власть затворить небо, чтобы не шел дождь на землю во дни пророчествования их, и имеют власть над водами, превращать их в кровь, и поражать землю всякою язвою, когда только захотят. И когда кончат они свидетельство свое, зверь, выходящий из бездны, сразится с ними, и

*победит их, и убьет их, и трупы их оставит
на улице великого города, который духовно
называется Содом и Египет, где и Господь наш
распят. И многие из народов и колен, и языков и
племен будут смотреть на трупы их три дня с
половиною, и не позволят положить трупы их во
гробы. И живущие на земле будут радоваться
сему и веселиться, и пошлют дары друг другу,
потому что два пророка сии мучили живущих на
земле. Но после трех дней с половиною вошел в
них дух жизни от Бога, и они оба стали на ноги
свои; и великий страх напал на тех, которые
смотрели на них. И услышали они с неба громкий
голос, говоривший им: взойдите сюда. И они
взошли на небо на облаке; и смотрели на них
враги их. И в тот же час произошло великое
землетрясение, и десятая часть города пала,
и погибло при землетрясении семь тысяч имен
человеческих; и прочие объяты были страхом
и воздали славу Богу небесному» (Откровение
11:3-13).*

Независимо от упорства людей, если в их сердцах
осталась хоть толика добра, они поймут, что великое
землетрясение, воскресение и вознесение на небо двух
свидетелей, суть деяния Божии, являющие Его славу.
Им придется признать факт воскресения Христа силой
Божией около двух тысяч лет тому назад. Но несмотря
на все эти события, некоторые злые люди все же не

прославят Бога.

Призываю всех вас принять любовь Божью. До самого последнего момента Бог желает спасти вас, желает, чтобы вы услышали двух свидетелей. Два свидетеля явят себя в славе Божией, покажут, что пришли от Бога. Они пробудят многих людей к любви Божией и Его воли. Они приведут вас к последней возможности спасения.

Я искренне прошу вас, не принимайте сторону врагов, принадлежащих дьяволу, который поведет вас по пути разрушения, а прислушайтесь к словам двух свидетелей и обретите спасение.

Петра, убежище иудеев

Другая тайна, предначертанная Богом для народа избранного, Израиля, есть Петра, убежище во времена Великой Скорби. В Исаии 16:1-4 так говорится об этом месте, носящем название Петра: *«Посылайте агнцев владетелю земли из Селы в пустыне на гору дочери Сиона; ибо блуждающей птице, выброшенной из гнезда, будут подобны дочери Моава у бродов Арнонских. "Составь совет, постанови решение; осени нас среди полудня, как ночью, тенью твоею, укрой изгнанных, не выдай скитающихся. Пусть поживут у тебя мои изгнанные Моавитяне; будь им покровом от грабителя: ибо притеснителя не станет, грабеж прекратится, попирающие исчезнут с земли».*

Земля Моава – это земля Иорданская на востоке Израиля. Петра являлась столицей Едома или Идумеи, позже столицей Набатейского царства, главным городом сыновей Исава. Город расположен на территории современной Иордании, на высоте более 900 метров над уровнем моря и 660 метров над окружающей местностью, долиной Аравы (Вади Араба). В долину можно пройти через ущелья, расположенные на севере и на юге, тогда как с востока и запада скалы горы Хор отвесно обрываются, образуя естественные стены до 60 метров в высоту. Петру нередко отождествляют с ветхозаветной Селой (букв. «скала»), упомянутой в 4-ой Царств 14:7.

После пришествия Господа в воздухе с Ним воссоединятся спасенные, и начнется семилетний Брачный пир, в завершении которого будет тысячелетнее Царство Божие на земле. В течение этих семи лет, с восхищения церкви и до Его возвращения на землю, этот мир будет предан Великой Скорби. Половину этого срока, три с половиной года или 1260 дней, иудеи проведут в тайной обители, уготованной Богом. Эта обитель и называется Петрой (Откровение 12:6-14).

Почему иудеям потребуется тайное убежище?

Избрав Израиль своим народом, Бог обрек эту нацию на многочисленные преследования со стороны язычников. Причиной тому – дьявол, неустанно противостоящий Богу, желающий отвратить Израиль от благословений. То же самое произойдет и в конце времен.

Когда иудеи поймут в результате Семи лет Великой Скорби, что их Мессией и Спасителем является Иисус, пришедший в этот мир 2000 лет тому назад, и попытаются раскаяться в грехах, дьявол с новой силой примется уничтожать их, чтобы те отреклись от своей веры.

Всеведущий Бог уготовил тайное убежище для избранного народа, Израиля, тем самым являя им Свою любовь. Согласно этой любви и плану Божию, Израиль войдет в Петру, чтобы спастись от преследователей.

Как и говорил Иисус в Матфея 24:16: *«Находящиеся в Иудее да бегут в горы».* Иудеи получат возможность скрываться в течение Семи лет Великой Скорби в укромном убежище в горах, где они сохранят свою веру и обретут спасение.

Когда ангел смерти уничтожал перворожденных младенцев египетских, иудеи незамедлительно оповестили друг друга о том, как избежать этой казни. Они пометили кровью ягненка косяки дверей домов своих.

Так же и ныне иудеи дадут знать друг другу о месте

убежища до того, как правительство антихриста начнет аресты. Они услышат о Петре от многочисленных христианских миссионеров, и даже неверующие уверуют и найдут там убежище.

Однако тайное убежище не сможет вместить всех. Ведь многие покаявшиеся через двух свидетелей не смогут достичь Петры. Они примут мученическую смерть во времена Великой Скорби.

Любовь Божия, явленная через двух свидетелей и Петру

Дорогие братья и сестры, неужели вы проигнорируете возможность спасения через вознесение с Иисусом, когда Он опять придет? Если так, то без колебания идите в Петру, ибо это ваш последний шанс на спасение по милости Божией. Скоро антихрист навлечет чудовищные катаклизмы. Вы должны укрыться в Петре, пока вмешательством антихриста не захлопнется дверь последней благодати.

Что же будет, если вы не попадете в Петру? Тогда единственный шанс для вас быть спасенными и обрести небеса – это сохранить верность Господу и избежать знака зверя. Вы должны достойно перенести любые пытки и принять мученическую смерть. Это нелегко, но другого пути избежать вечные мучения в адском пламени нет.

Я искренне желаю, чтобы вы не отвратились от пути спасения и всегда помнили о беззаветной любви Бога, помогающей превозмочь любые невзгоды. Во времена, когда будете бороться с искушениями и противостоять гонениям антихриста, мы, братья и сестры веры, будем истово молиться о вашей победе.

Но наше истинное желание – чтобы вы приняли Иисуса Христа до начала всех этих событий, вознеслись на небеса и восседали с нами на свадебном пиру, когда придет наш Господь. Мы непрестанно и слезно молимся о том, чтобы Бог помянул подвиги веры ваших праотцев и данные им заветы, даровав вам благодать спасения.

В Своей великой любви Бог уготовил двух свидетелей и убежище-Петру, чтобы вы приняли Иисуса Христа в качестве Мессии и Спасителя и обрели спасение. До последнего момента человеческой истории я призываю вас помнить о непрестанной любви Бога, Который не потеряет Своей любви к вам.

До того, как будут посланы два свидетеля, готовящие приближающиеся времена Великой Скорби, Бог любви послал человека Божия и дал ему силу рассказать вам о том, что произойдет в конце истории и вывести вас на путь спасения. Он не желает, чтобы хотя бы один из вас пострадал во времена Великой Скорби. Даже если вам придется остаться на земле после вознесения, Он желает, чтобы вы крепко схватились за соломинку спасения.

Смотри и слушай!

Такова великая любовь Божия.

Недолго осталось до начала Семи лет Великой Скорби. В эту величайшую скорбь из всех, когда-либо постигавших человечество, наш Бог исполнит Свой милостивый план, уготованный Израилю. История взращивания человечества будет завершена тогда, когда завершится история Израиля.

Допустим, иудеи поняли бы волю Божью и с самого начала приняли Иисуса Своим Спасителем. Тогда надо было бы исправлять Библию, в которой записана история Израиля. Несмотря на все эти предположения, Бог желает, чтобы вы встретились с этим или прошли через это. Израиль, Бог любит тебя безгранично.

Многие иудеи шли, идут и будут идти своим путем, пока не столкнутся с критической ситуацией. Всемогущий и Всезнающий Бог предопределил последний шанс для вашего спасения и ведет вас к нему Своей неизменной любовью

> *«Вот, Я пошлю к вам Илию пророка пред наступлением дня Господня, великого и страшного. И он обратит сердца отцов к детям и сердца детей к отцам их, чтобы Я, придя, не поразил земли проклятием» (Малахия 4:5-6).*

Я воздаю всю благодарность и славу Богу, Который, исполнившись бесконечной любовью к человечеству, ведет по пути спасения не только Израиль, Свой избранный народ, но и все народы.

.

Автор
д-р Джей Рок Ли

Д-р Джей Рок Ли родился в городе Муан, в провинции Джэоннам Южной Корейской Республики, в 1943 году. Начиная с двадцати лет, д-р Ли страдал от различных неизлечимых заболеваний и в течение семи лет жил в ожидании смерти, без всякой надежды на исцеление. Но однажды, весной 1974 года, сестра привела его в церковь, где он, упав на колени, молился, и Живой Бог сразу исцелил его от всех болезней.

С той минуты, как д-р Ли чудесным образом встретился с Живым Богом, он искренне возлюбил Его всем сердцем, и в 1978 году он был призван на служение Богу. Он усердно молился и неустанно постился, чтобы ясно понять волю Божью, полностью исполнить ее и повиноваться каждому слову Божьему. В 1982 году он основал Центральную церковь «Манмин» в городе Сеуле (Южная Корея), и с того момента бесчисленные дела Божьи, включая чудесные исцеления и знамения Божьи, были явлены в этой церкви.

В 1986 году д-р Ли был рукоположен в сан пастора на ежегодной Ассамблее Корейской церкви Христа в Сингкуоле, а спустя ещё четыре года, в 1990 году, его проповеди начали транслироваться в Австралии, России, на Филиппинах и во многих других странах, а также по каналам «Дальневосточной вещательной компании», «Азиатской вещательной компании» и «Вашингтонской христианской радиостанции».

Через три года, то есть в 1993 году, журнал *Христианский Мир* (США) внес Центральную церковь «Манмин» в список пятидесяти лучших церквей мира; колледж Христианской веры в штате Флорида (США) присвоил д-ру Ли степень почетного доктора богословия, а в 1996 году Теологическая семинария Кингсвэй (штат Айова, США) присвоила ему степень доктора христианского служения.

С 1993 года д-р Ли, проведя крусейды в Израиле, США, Танзании, Аргентине, Уганде, Японии, Пакистане, Кении, на Филиппинах, в Гондурасе, Индии, России, Германии и Перу, вошел в ряд лидеров мировой миссионерской деятельности.

В 2002 году, за его труд по проведению ряда впечатляющих объединенных крусейдов, ведущие христианские газеты Кореи назвали его «пастором всемирного пробуждения». Особенно отмечена его Нью-Йоркская евангелизационная кампания 2006 года, прошедшая в «Madison Square Garden», которая транслировалась в 220-ти странах мира.

Также особо отмечен Объединенный крусейд в Израиле в 2009 году, прошедший в международном Центре конгрессов Иерусалима, когда Иисус Христос был открыто провозглашен Мессией и Спасителем. Тогда проповеди д-ра Джей Рока Ли через спутниковое вещание транслировались на 176 стран.

В 2009-м и 2010 годах ведущий христианский мега-портал «In Victory», а также новостное агентство *«Christian Telegraph»* назвали д-ра Ли одним из 10-ти ведущих христианских лидеров мира.

По данным на сентябрь 2017 года, Центральная церковь «Манмин» объединяет более 130.000 членов. У церкви более 11.000 дочерних и ассоциативных церквей во всем мире, включая 56 филиала в самой Корее. Кроме того, более 98-ти миссионеров направлены в 23 страны, включая США, Россию, Германию, Канаду, Японию, Китай, Францию, Индию, Кению и многие другие страны.

На момент публикации этой книги д-р Ли написал 109-х книг, в том числе такие бестселлеры, как *«Откровение о вечной жизни в преддверии смерти»*, *«Моя Жизнь, Моя Вера» (I и II)*, *«Слово о Кресте»*, *«Мера Веры»*, *«Небеса» (I и II)*, *«Ад»* и *«Сила Божья»*. Его книги уже переведены на 76 языков мира.

Его статьи на тему христианской веры регулярно публикуются в следующих периодических изданиях: *The Hankook Ilbo, The JoongAng Daily, The Chosun Ilbo, The Dong-A Ilbo, The Hankyoreh Shinmun, The Seoul Shinmun, The Kyunghyang Shinmun, The Korea Economic Daily, The Shisa News* и *The Christian Press*.

В настоящее время д-р Ли возглавляет многие миссионерские организации и ассоциации. Он, в частности, является главой правления Объединенной церкви святости Иисуса Христа, президентом Международной миссионерской организации Манмин, основателем и главой правлений «Глобальной христианской сети» (GCN), «Всемирной сети врачей-христиан» (WCDN) и Международной семинарии Манмин (MIS).

Небеса I и II

Красочное и подробное описание прекрасных обителей, где блаженствуют граждане Небес, и превосходное разъяснение различных уровней Небесных царств.

Ад

Бог искренен в своем послании человечеству, так как желает, чтобы ни единая душа не оказалась в бездне ада! Вы узнаете о чудовищной жестокости Нижней могилы и ада.

Слово о Кресте

Действенная пробуждающая проповедь для всех, кто пребывает в духовном сне. Прочтя эту книгу, вы узнаете, почему Иисус является единственным Спасителем и истинной любовью Бога.

Откровения о вечной жизни в преддверии смерти

Воспоминания-исповедь преподобного д-ра Джей Рока Ли, рассказ о рождении свыше, спасении и жизни человека, ведущего христианскую жизнь, достойную подражания.

Мера Веры

Какая обитель и какие венцы и награды приготовлены для вас на Небесах? Эта книга содержит в себе мудрость и наставления, необходимые для того, чтобы измерить свою веру и взрастить ее до меры полной зрелости.